대한민국에서 여성 CEO로 산다는 것

여성창업노트

대한민국에서
여성 CEO로 산다는 것

여성창업노트

초판 1쇄 발행 | 2017년 11월 6일

지 은 이 | 비즈업
발 행 인 | 김영희

기획·마케팅 | 권두리
편　　집 | 김민지
디 자 인 | 김은환
발 행 처 | (주)에프케이아이미디어(프리이코노미북스)
등록번호 | 13-860호
주　　소 | 07320 서울특별시 영등포구 여의대로 24 FKI타워 17층
전　　화 | 출판콘텐츠팀 | 02-3771-0435, 영업팀 | 02-3771-0245
홈페이지 | www.fkimedia.co.kr
팩　　스 | 02-3771-0138
E-mail | kmj9949@fkimedia.co.kr
I S B N | 978-89-6374-253-3 03320
정　　가 | 1만 5,000원

이 도서의 국립중앙도서관 출판예정도서목록(CIP)은 서지정보유통지원시스템 홈페이지(http://seoji.nl.go.kr)와 국가자료공동목록시스템(http://www.nl.go.kr/kolisnet)에서 이용하실 수 있습니다. (CIP 제어번호 : CIP2017027901)

대한민국에서
여성 CEO로 산다는 것

비즈업 지음

여성창업노트

프리이코노미북스

책을 펴내며

여성이 주인공인 창업 성공담, 접하기 어려운 이유

'왜 우리 주변에선 여성 창업가를 찾기 힘들까?'

여태껏 취재했던 창업가 기사들을 쭉 훑어보다 문득 든 의문이었습니다. 인터뷰하러 나가보면 남성 CEO들이 자리에 앉아있는 일이 '일반적'이었고, 여성 CEO와의 만남은 가물에 콩 나듯 '예외적'인 일이었습니다. 아마 여러분들도 '창업가' 하면 남성의 모습을 먼저 떠올릴 겁니다. 우리가 접하는 창업 이야기의 주인공은 대부분 남성이니까요.

누군가는 이렇게 말할지도 모릅니다. 실제로 남성 창업가가 훨씬 많은 현실을 반영한 것 아니겠느냐고. 그런데 통계로 살펴본 현실은 우리의 상상과 조금 다릅니다. 신규 사업자 가운데 여성이 차지하는 비율은 지속적으로 증가해 2015년 44.8%까지 늘었습니다. 여성이 대표를 맡고 있는 사업체 또한 전체의 40%에 육박합니다. '대한민국 사장님' 10명 가운데 4명이 여성이라는 의미입니다.

창업가 열 명 가운데 세상에 알려지지 않은 네 명. 이 여성 CEO들의 삶은 어떤 모양새일까요? 수많은 이들이 생계형 창업으로 내몰리는 '유사 이래 창업을 할 수밖에 없는 가장 절박한 시대'는 여성에게 특히 더 가혹합니다. 여성 창업자의 90%는 소상공인이며 이들 대부분은 영세한 규모에서 벗어나지 못하고 있습니다. 창업 7년 이내 사업자들의 남녀 평균 매출액을 비교해 보면 여성 사업체의 매출 규모가 남성의 절반에도 미치지 못할 정도입니다. 여성이 주인공으로 등장하는 창업 성공담을 접하기 어려운 이유가 바로 여기에 있습니다.

이 책『여성창업노트-대한민국에서 여성 CEO로 산다는 것』은 성공 여부와 업종을 불문하고 저마다의 시장에서 고군분투하고 있는 여성 창업가들의 생생한 사업 이야기를 담았습니다. 또한 국내 창업시장에서 여성이 갖는 위치를 진단하고 여성 창업가들에게 실질적인 도움이 될 수 있는 정보를 모았습니다. 이 책이 중요한 선택의 갈림길에서 있는 수많은 여성들에게 '도전의 용기'를 줄 수 있었으면 합니다.

지난 취재의 결과물을 책으로 엮어주신 FKI미디어의 김영희 대표님께 감사드립니다. 1년 반 동안 생존해내느라 고생한 우리 비즈업 식구들 존경하고 사랑합니다. 바쁜 스케줄에도 취재 요청에 선뜻 응해주신 대표님들께도 감사의 말씀 전합니다. 항상 저희 콘텐츠를 '좋아요' 해주시고 댓글을 달아주시는 비즈업 독자님들 고맙습니다.

마지막으로, 어려운 환경에서도 희망을 잃지 않고 늘 도전하며 살아가는 자랑스러운 대한민국 여성 CEO들에게 이 책을 바칩니다.

2017. 11

김현주 비즈업 기자

목차

대한민국에서
여성 CEO로 산다는 것

여성창업노트

Part 1

입문

여성 창업을 앞둔 당신이 알아야 할 것들

01
대한민국에서 여성 CEO로 살아간다는 것

'女 사장님' 늘지만…유리천장은 여전했다

여성이 주도하는 경제를 뜻하는 '우머노믹스Womenomics'. '여성women'과 '경제학economics'을 합친 이 말은 2010년대 세계경제를 좌지우지하는 리더 자리를 여성들이 차지하면서 시대의 화두 중 하나로 등극했다. 재닛 옐런Janet Yellen 미국 연방준비제도이사회 의장, 크리스틴 라가르드Christine Lagarde 국제통화기금IMF 총재, 앙겔라 메르켈Angela Merkel 독일 총리 등이 그 주인공이다.

그런데, 이 땅 대한민국에서도 '우머노믹스'가 유효한 단어일까. 국내 창업 시장에서 여성이 갖는 위치를 살펴보자.

통계로 보는 여성 창업

국제적으로 월등한 한국 여성들의 교육 수준에도 불구하고 그 성과가 경제효과로 이어지지 못하고 있다는 것이 나타났다.

지난 2015년 한국보건사회연구원이 「국제 보건복지 정책 동향」 보고서를 통해 여성 창업에 관련된 여러 통계를 내놨다. 실제로 우리나라 여성의 대학진학률은 남학생 대비 4% 포인트 높은 48.8%다. 남성을 추월할 정도로 여성의 교육 수준이 높지만 여성의 경제활동참여율은 경제협력개발기구OECD 내 최하위 수준에 그치고 있다. "한국의 남녀 경제참여율 격차를 100% 줄인다면 경제성장률GDP이 3.4% 증가할 것"이라는 서울시여성가족재단의 연구 결과가 있을 정도다.

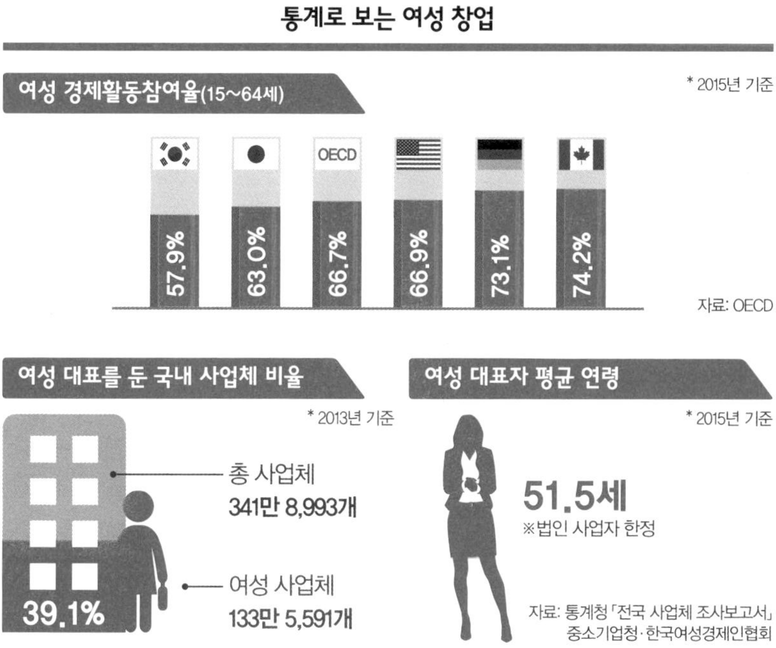

사업체별 남녀 대표 구성비

* 2013년 기준

자료: 중소기업청·통계청

신규 사업자 성비

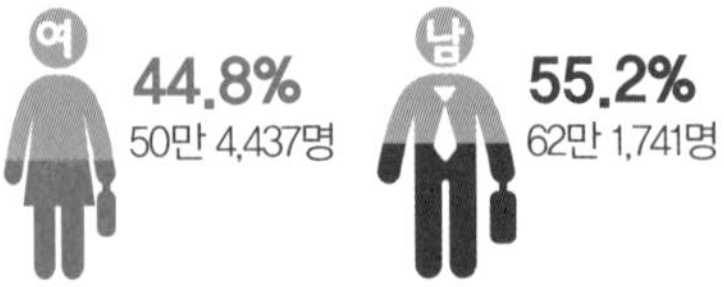

여성 창업 업종 BEST 3

* 2015년 기준

자료: 국세청

여성 기업인이 생각하는 여성 기업의 특성

주요 장점
- 철저한 사후관리 통한 고객만족
- 원활한 소통과 화합 분위기
- 여성 기업에 대한 긍정적 이미지

불리한 점
- 일·가정 양립 부담
- 부정적 선입견
- 남성 중심 비즈니스 관행 적응 곤란

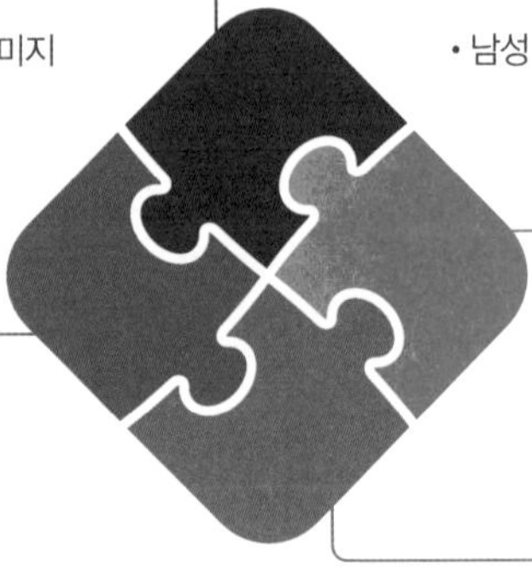

강점
- 섬세함
- 업무관리 능력

약점
- 리더십
- 혁신성

자료: 중소기업청 「여성 기업 실태조사」

여성 기업인 차별대우 경험

* 2015년 기준

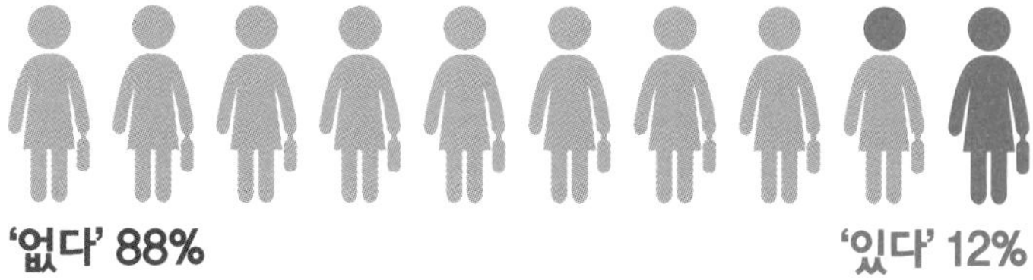

자료: 중소기업청 「여성 기업 실태조사」

"취업보다 창업이 낫다"고 답한 남녀비율

* 2013년 기준

자료: OECD

한국 노동시장의 벽이 여전히 여성에게 높고 견고하다는 사실은 새삼스러운 일이 아니다. 그렇다면 범위를 '창업시장'으로 줄여보면 어떨까. 안타깝게도 통계로 확인해 본 창업시장에서도 여성들의 유리천장glass ceiling은 공고했다.

국세청 통계에 따르면 신규 사업자 가운데 여성이 차지하는 비율은 2008년 43.2%에서 지속적으로 증가해 2015년 44.8%까지 늘었다. 여성이 대표를 맡고 있는 사업체 또한 2013년 133만 5,591곳으로 전체의 39.1%에 달했다. '대한민국 사장님' 10명 가운데 4명은 여성이며, 그 비율이 갈수록 높아지고 있다는 의미다.

그런데 이 수치를 사업체 규모별로 쪼개보면 다른 얘기가 나온다. 소규모 사업체인 소상공인의 경우 남성 대표와 여성 대표의 비율이 각각 59%, 41%인 데 반해 중소기업 CEO 가운데 남녀 비중은 각각 72.6%, 27.4%로 성균형이 급격하게 한쪽으로 기운다. 대기업으로 눈을 돌리면 그 격차가 더욱 심한데, 여성이 CEO를 맡고 있는 대기업 비율은 6%에 불과해진다. 여성들의 대부분이 소상공인에 머물고 있는 것이다. 실제 여성 신규 사업자의 주요 창업 업종을 살펴보면 소매업, 음식업, 서비스업 등 소규모 사업이 64.4%를 차지한다.

대한민국의 여성 CEO들이 피부로 느끼는 기업 생태계는 어떤 모습일까. 중소기업청의 「2015 여성 기업 실태조사」 결과, 100명 중 88명이 '여성이라서 차별대우를 받은 적이 없다'고 답했다. 다만 '일·가정 양립에 부담을 느낀다(44.2%, 이하 '복수응답 가능')', '남성 중심의 비즈니스 관행에 적응하기 어렵다(39.5%)', '여성을 대하는 부정적 선입견이 있다(25.2%)'는 답변 등 여성 기업인만이 겪는 고충이 실재하는 건 분명하다.

이에 대해 한국보건사회연구원은 "과거 자녀 양육에서 자신의 정체성을 찾던 여성들이 교육 수준 향상으로 자아실현 및 독립성, 사회참여에 대한 욕구가 증가하게 됐다. 가족 및 국가의 정책적인 지원을 통해 여성들이 일과 가정생활을 영위할 수 있는 환경을 조성해주는 것이 필요하다"고 강조했다.

'독박육아', '경력단절'··· 여성이라는 굴레, 또 다른 '영세 사업자'의 굴레를 낳다

'독박육아'

고스톱에서 패자 한 명이 모든 책임을 뒤집어쓰는 경우인 '독박'과 육아를 합친 신조어다. 최근 '육아의 책임은 부부가 공동으로 져야 한다'는 인식이 확산되면서 인터넷 커뮤니티에서 '여성 홀로 육아를 감내해야 하는 상황'을 표현하는 단어로 쓰인다.

경력단절 여성 현황

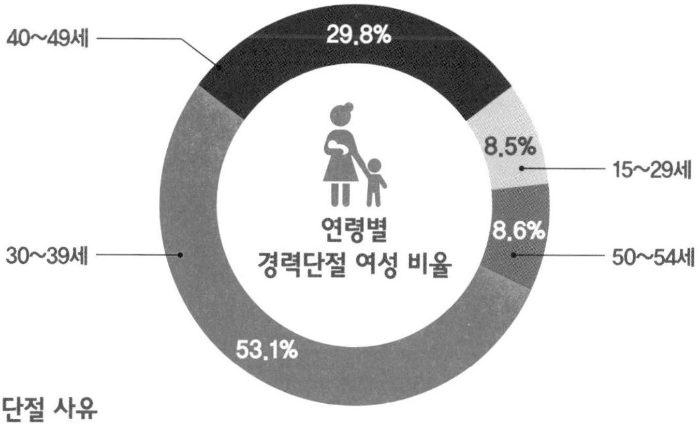

경력단절 사유

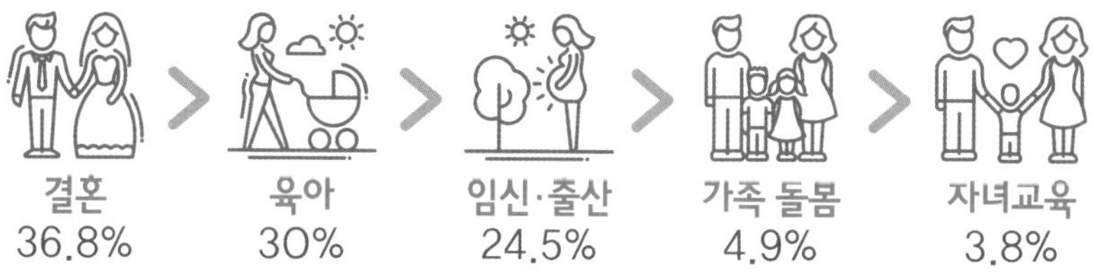

자료: 통계청 「지역별 고용조사」, 2015

한국 여성에게만 지워진 굴레 '독박육아', '경력단절'

여성의 사회진출이 활발해지면서 '아빠가 돈 벌고 엄마는 애 보는' 전통적 성 역할 규범이 변화하고 있는 것은 분명한 사실이다. 이에 따라 '일도 반반, 육아도 반반'을 외치는 여성이 늘고 있지만 현실은 그리 녹록지 않다.

2015년 4월 기준 기혼여성 942만 명 가운데 경력단절 여성은 205만 3,000명. 이 중 58.2%가 임신·출산, 육아, 자녀교육 때문에 직장을 그만 두었다고 답했다.

이러한 현실은 연령별 경제활동참여율에서 더 확연히 드러난다. 20대의 경제활동참여율은 2016년 8월 기준 남성 64.1%, 여성 65.4%로 나타나, 여성의 일 참여가 더 활발한 양상을 띠는 것으로 나타난다. 그러나 출산과 육아를 경험하는 30대의 경우, 남성의 93%가 경제활동을 하지만 여성의 수치는 59.8%로 뚝 떨어지고 만다.

여성들의 선택은 '소규모 창업'

"가정생활과 병행하기에 가장 자유롭다고 생각해서"

2013년 경기도가족여성연구원이 실시한 설문조사에서 여성 창업자들의 43%가 꼽은 '창업을 선택한 이유'다. '자영업이 더 많은 소득을 가져올 수 있다고 판단해서(37.8%)', '임금근로자로 취업하기 어려워서(18.5%)' 등등의 답변보다 더 높은 수치다. 즉 결혼과 출산, 육아 등으로 경력단절을 겪은 여성들이 끊어진 자기 경력을 다시 잇고, 자녀 양육도 병행하기 위해 재취업 대신 '창업'을 선택한다는 얘기다.

실제로 2015년 중소기업청의 「창업기업 실태조사」에 따르면 창업 직전 미취업 상태에 있던 여성 창업자의 50.8%가 전업주부였던 것으로 나타났다. 여성기업종합지원센터는 "경력단절 여성 가운데 경제활동을 원하는 여성들 상당수가 실제 취업 여건이 열악한 상태에서 창업을 희망하고 있다"고 설명했다.

그러나 창업시장 역시 여성에게 성공의 문을 쉽사리 열어주지 않는다. 여성 창업자 10명 가운데 9명은 소상공인이며 이들 대부분은 영세한 규모에서 벗어나지 못하고 있다. 창업 7년 이내 사업자들의 남녀 평균 자본금을 비교해보면 2015년 기준 남성이 1억 9,793만 원, 여성이 9,602만 원으로 여성 사업체의 규모가 남성의 절반에도 미치지 못한다.

창업 기업의 성별 현황 비교

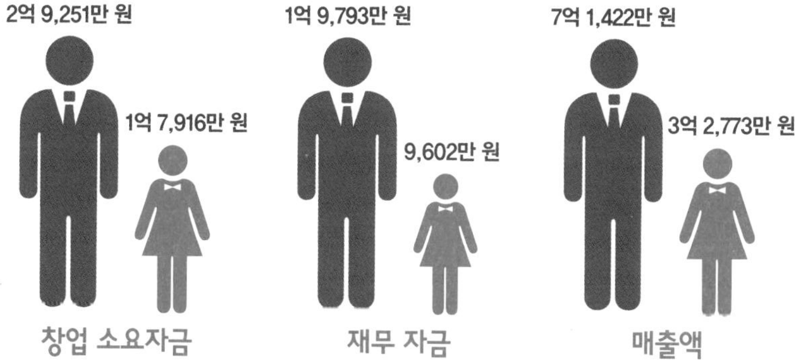

자료: 중소기업청 「창업기업 실태조사」, 2015

미국의 창업 전문 학술저널 《비즈니스 벤처링Business Venturing》은 여성 사업이 성공하기 힘든 가장 큰 이유로 '적은 초기자본'을 꼽았다. 초기자본은 제품개발이나 인력확보 등 사업 성과에 영향을 미치는 중대한 자원인데, 여성의 경우 저임금과 경력단절로 초기 창업자금을 마련하는 데 한계가 있다는 것이다.

여성의 월평균 임금이 남성 임금의 62.8%에 불과한 우리나라 역시 상황은 비슷하다. 실제 창업을 하는 데 처음 투입하는 자금을 비교해보면 남성은 평균 2억 9,000만 원을 웃도는 데 반해 여성의 경우 1억 7,900만 원에 머무른다는 조사결과도 있다.

소규모 자본은 결국 '영세 사업자'의 굴레를 낳는다

창업 초기에 투자할 수 있는 자본이 적으면 그만큼 업종 선택에 제한을 받을 수밖에 없다. 그래서 우리나라 여성 사업체의 62.2%는 숙박 및 음식점업과 소매업 등 주로 소상공인이 선택하는 업태에 집중돼 있다. 이에 대해 학술지 《여성연구》의 2008년 논문 「국내 여성중소기업과 남성중소기업의 경영성과 비교」에서는 이러한 업종이 비교적 소규모 자본으로 창업할 수 있고 고도의 기술을 요구하지 않아 진입장벽이 낮기 때문이라 설명한다.

문제는 여성 사업체가 편중된 숙박·음식·소매업 등이 대표적인 레드오션이라는 점이다. 진입장벽이 높지 않으니 경쟁자가 많고 생존율은 그만큼 떨어진다. 국세청의 2015년 『국세통계연보』를 보면 2014

년 폐업한 자영업자 10명 중 4명이 음식업과 소매업 종사자일 정도다. 결국 여성들이 없는 돈을 털어 창업을 해도 치열한 경쟁과 낮은 수익 때문에 영세 사업자란 굴레를 벗어나기가 여간 쉬운 일이 아니다.

창업해도 벗을 수 없는 '엄마'의 굴레

이렇게 힘든 창업 과정을 견디는 여성들. '엄마'라는 굴레는 좀 덜 수 있을까. 경기도가족여성연구원의 지난 2013년 자료에 따르면 자녀를 둔 영세 자영업 여성들은 주당 평균 60.2시간이라는 살인적 근무강도를 소화하면서 하루 평균 3.3시간 동안 가사와 육아 노동을 한다. 반면 그 배우자들의 가사와 육아 노동시간은 여성의 절반에 못 미치는 1.5시간에 머문다.

이른바 '경단녀'들의 불가피한 대안인 창업이 영세 사업자의 굴레를 낳는 데 더해 독박육아란 굴레에서도 여전히 허우적대게 만들고 있는 셈이다.

TIP

1

창업을 준비하는 여성이 반드시 피해야 할 5가지 함정

50만 4,437명. 2015년 한 해 동안 우리나라에서 자신만의 사업을 시작한 여성의 숫자다. 신규 사업자 중 여성이 차지하는 비율은 해가 갈수록 늘어 2015년 전체의 44.8%를 차지했다. 여성이 창업시장 전면에 나서기 시작한 시대. 당신도 가슴 속에 '내 사업을 하고 싶다'는 꿈을 키우고 있는가. 그렇다면 이 물음에 먼저 답해보자. "당신은 '대한민국의 여성 창업가'로 살아갈 준비가 돼 있는가?" 진지하게 창업을 고민하고 있는 여성이라면 다음의 다섯 가지 함정은 미리 알아두고 반드시 피해야 한다.

함정 1. 자녀계획의 실패

육아를 하면서 자신의 사업을 잘 꾸려가는 '엄마 CEO'들은 분명 존재한다. 그러나 돌봐야 할 아이가 있다면 사업과 육아의 균형을 맞추는 일은 상상을 초월하는 희생정신을 필요로 한다. 잠을 줄여야 함은 물론이고 신경 써야 할 일들이 배로 많아지며 심적 스트레스도 상당해질 것이다.
만약 당신이 창업가로서의 미래를 꿈꾸고 있다면 가족 계획과 사업적 목표의 균형점을 찾기 위해 충분한 시간을 들여 고민해야 한다. 아이는 분명 우리에게 '선물' 같은 존재지만 예상치 못한 '깜짝 선물'은 생각지 못한 고난을 줄 수 있다.

함정 2. 연구 없는 창업

빌 게이츠Bill Gates 같은 위대한 창업가들이 대학을 자퇴하고 성공적인 업적을 일군 것은 분명한 사실이다. 그들이 태어날 때부터 '난 사람'이었기 때문에 성공할 수 있었을까. 뛰어난 아이디어를 발굴해 성공을 거둔 기업가들은 많은 시간을 독학과 자기계발에 쏟아붓는다. 페이스북Facebook 창업자 마크 저커버그Mark Zuckerberg는 책을 많이 읽기로 유명하고, 애플Apple의 성공신화를 쓴 스티브 잡스Steve Jobs는 초기 브로슈어brochure 디자인을 위해 다른 회사 브로슈어의 폰트와 레이아웃, 심지어 종이의 무게까지 분석했다는 일화가 있다. 그들이 성공의 길을 찾을 수 있었던 데에는 수없이 많은 연구와 실패가 있었다.

창업을 하기 전에 다른 성공한 창업가들의 사례를 연구하고 비슷한 분야의 회사에서 일을 해보라. 아니면 단순히 책을 읽는 것도 좋다. 창업가로서 선택의 기로에 놓였을 때 당신의 공부는 분명 빛을 발할 것이다.

함정 3. 지나친 정부지원 의존

1999년 '여성기업지원에 관한 법률안'이 제정되면서 여성 CEO의 창업을 적극적으로 지원하는 정책이 국내에서도 늘어나기 시작했다. 부처별로 여성들에게 자금을 지원하고 교육을 제공하는 등 다양한 정책이 실시되고 있고 지방자치단체에서도 여성창업보육센터를 늘려가는 추세다. 대한민국에서 여성 창업가로 살아가는 것의 어려움을 감안해 볼 때 공공지원사업을 잘 활용하는 것은 분명 큰 도움이 된다.

문제는 이 같은 지원에 의존하는 기간이 길어질수록 창업가의 자질을 키울 기회에서 점점 멀어진다는 점이다. 어떻게 수익을 점차 늘려야 하는지, 위기에는 어떻게 대처해야 하는지 등은 직접 겪지 않으면 얻을 수 없는 경영능력이다.

많은 창업가들이 '공공지원이 사업 목표를 달성하는 데 도움이 될 것'이라는 함정에 빠지면서 자립심을 잃는다. 정부지원을 일절 받을 수 없다는 것을 가정하고 독립적으로 사업을 일구면서 생존하는 법을 배우라. 지원이 정말 필요하다면 의존기간을 1년 미만으로 미리 정해두는 게 좋다. 정부에 의존하지 않겠다는 다짐은 곧 '더 열정적으로 사업에 임해야겠다'는 좋은 동기부여가 될 것이다.

함정 4. 손실에 대한 걱정

중소기업청이 2015년 발간한 『여성 기업 백서』는 '안정적 경영 추구'를 여성 기업의 주된 특성으로 꼽았다. 여성 기업인이 남성 기업인보다 위험에 대한 회피성향이 강해 재무 건정성 및 안정성을 추구한다는 것이다. 실제로 중소기업청의 「2015 여성 기업 실태조사」에 따르면 여성 기업의 95%가 '향후 사업규모를 확대할 계획이 없다'고 답했다.

그러나 리스크가 없는 성장은 존재하지 않는다. 당신의 생존 기술을 향상하고 싶다면 손실에 대처하는 법을 공부하고, 또 경험하라. 손실을 사업의 일부분으로 받아들이고 리스크를 극복하는 순간 당신은 한 단계 성장한 기업가가 될 것이다.

함정 5. 사치

창업가들은 종종 조그만 성과를 자축하기 위해 물질적인 것에 많은 돈을 지출하는 실수를 저지른다. 차를 바꾸고 비싼 옷을 사들이면 '꿈을 향해 다가가고 있다'며 안도감을 느끼기 때문이다. 그러나 창업 시장은 정글과 다름없다. 오늘의 성공이 내일의 실패를 불러올 수도 있고, 더 뛰어난 경쟁자가 언제 나타날지도 모르는 일이다. 당신이 성공에 안도해 사치를 부리는 동안 당신의 경쟁자가 벼랑 끝에서 무섭게 치고 올라올 수 있다는 얘기다. 생활 방식을 최소화하자. 당신의 소소한 출발에 번쩍이는 새 차는 필요 없다.

02
여성 CEO라면 지원받고 창업하라

여성 사장님만 받을 수 있는 '지원의 꽃', 공공기관 우선구매제도

"각 분야의 우수한 전문인력과 고학력 여성이 풍부함에도 우리 사회는 여성이 가사와 육아, 직장일로 1인 3역을 하는 등 경제활동에 제약이 많다. 유연하고 섬세한 사고와 전문성을 결합한 여성 경제인의 역할은 21세기 경제에 활력소가 될 수 있다는 점에 주목할 필요가 있다."

1997년 7월 12일자 《동아일보》 사설 '여성 기업 지원 과감하게'의 일부분이다. 2015년 우리나라의 여성 경제활동참가율은 57.9%에 머물렀지만 20년 전엔 이보다 10% 포인트나 낮은 40% 중반 수준에 불과했다. 이 같은 문제의식에 기반, 대한민국 국회는 지난 1999년 여성의 창업지원 특례, 공공기관 우선구매, 지금지원 우대 등의 내용을 담은 '여성기업지원에 관한 법률(이하 여성기업지원법)'을 제정했다.

여성기업지원법의 꽃 '공공기관 우선구매 제도'

올해로 17살이 된 이 법의 지원 내용 가운데 여성 기업이 가장 실질적인 혜택을 받을 수 있는 제도가 바로 '공공기관 우선구매'다. 국내 공

공공기관 우선구매 제도

대상

여성이 소유하고 경영하는 사업체

회사의 대표권이 있는 임원으로 등기된 여성이 최대 출자자인 회사(입법예고)

주요 내용

공공기관은 여성 기업 제품을 의무적으로 우선구매

물품·용역	구매 총액 5% 이상
공사	발주 총액 3% 이상

제출서류

공통	신청서, 개인정보제공동의서, 사업자등록증
법인	법인등기부등본, 주주명부, 사원명부, 정관, 지분관계도
개인	동업계약서(공동대표인 경우)

여성기업확인서 신청 절차

중소기업 회원가입 및 기업정보 등록 → 제출서류 업로드 및 신청 → 서류검토 및 현장실사 → 현장실사 결과 검토 및 확인서 발급

공기관이 물품이나 용역을 구매할 때 총액의 5%, 공사의 경우 발주액의 3%를 의무적으로 여성 기업에 할당하도록 하는 내용을 담고 있다. 공공기관이 중소기업이나 장애인 기업 제품을 우선 구매하도록 정해 놓은 법과 같은 취지로 여성 기업의 경쟁력을 제고하고 판로 확대를 돕기 위해 여성기업지원법에 포함됐다. 중앙정부 45개, 지자체 260개, 공공기관 314개, 지방공기업 140개, 특별법인 6개 등 총 765개 공공기관이 적용 대상이다.

법률 제정 당시 권고사항에 그쳤던 공공기관 우선구매 제도는 법 개정을 거치며 지난 2014년부터 의무사항이 됐다. 실제 이 개정안이 효력을 발휘하면서 공공기관의 2014년도 여성 기업 제품 구매액은 5조 4,900억 원을 기록, 권고사항이었던 2013년 대비 25%나 늘었다. 세부적으로 살펴보면 물품 총구매액의 5.4%, 용역 6%, 공사 발주액의 4.2%를 여성 기업이 가져가 법에서 정한 의무구매비율보다 더 많은 혜택을 누렸다.

공공기관 우선구매 제도가 낳은 '치마 사장'

우선구매 제도가 의무화되면서 많은 여성 기업들이 공공 시장 진출의 혜택을 봤지만 부작용도 만만치 않았다. 이 혜택을 받을 요량으로 '가짜 여성 대표'를 내세우는 위장 여성 기업, 이른바 '치마 사장' 기업이 늘기 시작한 것이다. 실제 여성경제인협회에 따르면 2015년 상반기 여성기업확인서를 받는 데 실패한 기업은 932곳으로 전체 신청 기업의 17%에 달했다. 탈락 이유는 '대표자의 업무 미숙(34.5%)', '서류

부족 및 미제출(32.3%)' 등 '치마 사장'이 문제가 된 경우가 65% 이상을 차지했다. 어떤 기업은 실사에서 사장에게 업무에 대한 질문을 하자 '화장실에 다녀오겠다'며 다시 나타나지 않기도 했다.

이처럼 여성이 경영에 실질적으로 참여하지 않는 부적격 여성 기업이 늘어나자 정부는 '여성 기업'의 정의기준을 강화하기로 했다. 기존 법은 여성 기업을 "여성이 소유'하거나' 경영하는 기업"으로 봤지만 2016년 1월 법이 개정되면서 "여성이 소유'하고' 경영하는 기업"만 여성 기업으로 인정을 받게 됐다. 즉 과거엔 소유와 경영 중 하나를 여성이 맡고 있으면 됐던 것이 법 개정 이후엔 둘 모두를 실질적으로 하고 있어야 여성 기업으로 인정받도록 요건이 강화된 것이다. 그리고 얼마 전 시행령이 개정되면서 대표권(경영)을 갖고 있는 여성이 최대 출자자(소유)인 회사만 여성 기업 인증을 받을 수 있게 되었다.

또한 여성기업확인을 신청한 기업이 허위임이 밝혀졌을 경우 향후 신청이 제한(1회 적발 시 3개월, 2회 이상 적발 시 6개월)되며, 여성기업확인이 취소된 경우에는 취소된 날부터 1년간 재신청을 할 수 없다.

이번 여성 기업 정의기준 개편을 두고 한 변호사는 "위장 여성 기업을 규제하기 위한 입법 취지에 맞는 개정안이다. 회사에 문제가 발생할 경우 대표이사에게 책임을 묻는 상법 규정에 따라 명의를 대여해 줬다가 의도치 않게 처벌을 받는 관행도 줄일 수 있다"고 설명했다.

여성기업확인 신청하려면…

여성기업확인 신청은 공공구매 종합정보망 홈페이지(www.smpp.go.kr)에서 할 수 있다. 중소기업 회원가입 후 제출서류를 업로드하면 한국여성경제인협회에서 서류 검토 후 현장실사를 나온다. 결과 검토와 최종 확인서 발급은 각 지방 중소기업청에서 주관한다.

'여성 창업가'에게 국가는 어떤 지원을 해줄까

1997년 한반도를 강타한 'IMF 사태'. 국제통화기금의 구제금융을 받아 간신히 국가부도는 면했지만, 외환위기의 칼바람을 막아내지 못한 기업들이 무더기로 도산하는 바람에 그 빈자리를 채울 내실 있는 중소기업에 대한 지원 정책이 필요했다. 이에 따라 외환위기 전 주 정책대상이었던 전통 제조업 부문 중소기업뿐 아니라 벤처기업, 소상공인, 여성 기업 등을 세분화해 지원하는 정책체계가 마련됐다. 앞서 이야기한 '여성기업지원에 관한 법률'이 제정되어 여성 창업 지원의 발판이 세워진 또 다른 이유 중 하나다.

여성 기업 지원의 주무부처인 중소기업청은 지원사업의 성격에 따라 한국여성경제인협회와 여성기업종합지원센터 등과 함께 사업을 시행하고 있다. 여성 창업가가 받을 수 있는 지원은 크게 창업교육, 판로확대, 정책자금 지원으로 나뉜다. 여성의 일자리 창출과 경제참여율 증대, 경제적 가치 창출을 위해 국가가 쓰는 돈, 어떤 혜택이 있을까?

창업 실무지식을 익힐 수 있는 교육 지원

매년 상당수의 창업가들이 성공의 꿈을 품고 창업시장에 뛰어들지만 어렵고 복잡한 경영과 회계 실무에 어려움을 호소한다. 특히 여성의 경우 창업자 가운데 취업준비생이나 주부, 경력단절 여성이 차지하는 비율이 높아 창업 교육을 필요로 하는 예비 창업가들이 많다. 2013년 산업정책연구원의 조사에 따르면 38%의 여성 창업가들이 '창업에 관한 기초, 전문지식을 축적시켜주기 때문에 창업교육이 필요하다'고 답했다.

1. 예비 여성 창업자를 위한 실전창업스쿨

'실전창업스쿨'은 예비 여성 창업자들을 대상으로 창업 마인드, 사업 타당성 검토, 상권과 입지 분석 등의 이론교육과 전문가 컨설팅을 제공하는 사업이다. 파티플래너, 공예, 패션창업, 미술심리치료 등 지식과 감성에 기반을 둔 여성 창업 유망 아이템과 관련해 실습 위주로 진행된다. 강사료, 강의장 임차료, 교재비 등의 교육비 가운데 80%를 나라에서 지원하고 있다. 2013년부터 2015년까지 2,500여 명이 교육을 수강했고 19.6%의 참가자가 교육 후 창업했다.

2. 여대생 위한 차세대 여성 CEO 양성교육

창업에 관심 있는 여대생이라면 교육 경비를 지원하고 참여대학과 업무협약MOU 체결을 통해 학점을 인정해주는 '차세대 여성 CEO 양성교육'에 참여할 수 있다. 창업마인드와 창업시장에 대한 예비교육, 창업 아이템 발굴, 창업 절차와 재무, 마케팅 등 실무교육을 받을 수 있다. 또 우먼리더십캠프 참여와 사업현장체험을 통해 여성 CEO와 만날 기회도 주어진다. 2015년 수강생 480명 가운데 11명이 여성창업경진대회에서 수상했으며 만족도도 높다.

3. 여성 CEO 및 임직원을 위한 여성 CEO MBA 교육

이미 창업을 한 여성 CEO 가운데 경영실무 지식에 목말라 있다면 '여성 CEO MBA 교육'에 주목하자. 조직관리, 협상방법, 고객관리, 마

여성 창업가를 위한 정부 지원사업

창업 실무지식 교육	여성특화제품 지원	창업지원금
• 실전창업스쿨 • 여성 CEO MBA 교육 • 차세대 여성 CEO 교육	• 여성특화제품 해외진출 원스톱 지원 • 여성기업제품 공공구매 홍보	• 여성가장창업자금 • 여성창업경진대회 • 여성창업보육센터 운영

케팅 등의 경영 실무 지식과 법률, 세무, 특허 같은 전문 지식에 대한 교육·컨설팅을 받을 수 있다. 강사료, 교재비, 홍보비를 전액 지원하며 동문 워크숍, 성공기업 방문을 통해 인맥을 쌓을 수 있는 기회도 제공된다.

초보 여성 기업을 위한 판로 확대 지원사업

1. '수출초보' 여성 기업에 여성특화제품 해외진출 원스톱 지원

창업 후 사업이 궤도에 올라 해외진출을 꿈꾸고 있다면 '여성특화제품 해외진출 원스톱one-stop 지원사업'으로 판로를 확대할 수 있다. 무역에 관한 전반적인 실무 교육을 실시하고 부스 임차료, 통역비 등 해외박람회 참가 비용을 70~80% 지원해주며, 해외 온라인 플랫폼에 입점할 수 있도록 돕는다. 2015년에는 참가 기업 가운데 19개 사가 세계 1위 온라인 유통업체 '아마존Amazon'과 중국 1위 업체 '타오바오陶寶'에 입점했다.

2. 여성 기업 제품 공공구매 홍보

'여성기업지원에 관한 법률'은 1999년 제정 후 꾸준히 개정돼 왔다. 지난 2014년 개정안의 핵심 내용은 '공공기관 우선구매 제도'다. 앞서 언급했듯 공공기관이 물품이나 용역을 구매할 때 총액의 5%, 공사 발주액의 3%를 '의무적'으로 여성 기업에 할당하도록 하는 제도다.

한국여성경제인협회는 여성 기업이 공공구매 입찰에 참여할 수 있도록 홍보활동을 지원하고 있다. 협회에서 확인서를 발급받은 여성 기업은 여성 기업 맞춤형 입찰정보 사이트를 통해 입찰정보를 실시간으로 제공받고 입찰 실무상담을 받을 수 있다.

'돈'이 필요한 여성 창업자를 위한 자금 지원사업

한국여성경제인협회에서 2015년 실시한 「여성 기업 실태조사」에 따르면 49.5%의 여성 기업인이 '창업자금 조달'이 가장 어렵다고 답했다. 앞서 확인한 바와 같이 2015년 기준 창업 7년 이내 사업자들의 남녀 평균 초기 자본금은 남성이 2억 9,000만 원을 웃도는 데 반해 여성은 1억 7,900여만 원에 머무른다. 여성 창업자 10명 가운데 9명이 소상공인이며 대부분이 영세한 규모에서 벗어나지 못하고 있는 것이 현실이다. 창업의지와 아이템은 있으나 창업자금 조달에 어려움을 겪는 여성 창업자를 위해 정부에서 직접적으로 돈과 사무공간을 제공하는 사업을 소개한다.

1. 여성가장창업자금

여성가장창업자금은 경제적 어려움에 처한 여성가장들에게 2.0%의 낮은 금리로 최고 5,000만 원까지 최대 6년간 점포 임대보증금을 지원해주는 제도다. 신용등급 1~7등급에 해당하는 저소득계층이면서 생계형 창업을 희망하는 여성가장만 신청할 수 있다. 소득증명서류와 사업타당성 분석 서류, 임대건물확인서를 지참해 신청할 수 있다. 1999년부터 2015년까지 저소득 여성가장 600명에게 138억여 원을 지원했다.

2. 여성창업경진대회

여성창업경진대회는 창의적이며 우수한 창업아이템을 보유한 예비창업자나 2년 미만의 여성 창업기업이 참가할 수 있는 대회다. 서류와 발표 심사로 수상기업을 선정하며 12명의 우수팀에게는 최대 1,000만 원의 상금과 여성창업보육실 입주 우대 및 신용보증서 발급 우대 혜택이 주어진다. 사업 아이템과 비즈니스 모델을 검증할 좋은 기회가 될 수 있어 해마다 참가자 수가 늘고 있으며, 지난 3년간 수상팀의 약 66%가 실제로 창업했다.

정부 지원 받는 방법

이 같은 정부 지원사업은 한국여성경제인협회에서 운영하는 여성기업 종합정보포털(www.wbiz.or.kr)에서 신청이 가능하다.

이밖에도 전국 16개 시·도 지방자치단체에서 여성창업보육센터를 운영하며 자금 지원, 창업교육, 판로 확대 지원사업을 진행하는 등 다방면에서 여성 창업자를 돕는 정책이 실시되고 있다.

'생계형 지원'이 아닌 '기업가정신'을 고취시켜 줄 지원이 필요하다

여성창업 지원사업이 나아가야 할 방향

'기업가정신Entrepreneurship'. 수요와 공급의 '보이지 않는 손'이 모든 것을 결정하는 전통 경제학에서 별 존재감이 없었던 '기업가 Entrepreneur'에 주목하고 이들이 나아갈 방향을 제시해 준 것은 미국의 경제학자 조지프 슘페터Joseph Schumpeter였다. 그는 기업가정신을 '기업가들이 생산구조 및 조직 등을 획기적으로 결합해 새로운 가치를 창출하는 과정'이라 설명했다. 자본이 모든 것을 통제할 수 있다고 믿었던 시대에 '너무 일찍' 태어난 죄로 사장됐던 기업가정신론은 슘페터 사후 반세기가 지난 1990년대 정보기술 혁명으로 새롭게 주목받기 시작했다.

'빌 게이츠'와 '스티브 잡스'로 대변되는 혁신의 성공신화 이후 '기업가정신'은 세계경제는 물론 우리나라에서도 뜨거운 감자가 된 지 오래다.

다만 이 단어는 '남성'의 이미지를 짙게 풍긴다. 기업가정신 하면 떠오르는 불세출의 최고경영자 대부분이 남성이기도 하거니와 기업가정신의 바람직한 덕목 또한 '강력한 리더십과 카리스마', '저돌적인 추진력' 등등 남성적 이미지를 갖춘 것들이 강조돼 왔기 때문이다.

기업가정신의 남성성은 대한민국 창업 시장에서 더욱 도드라지는

우리나라 여성 창업의 현주소

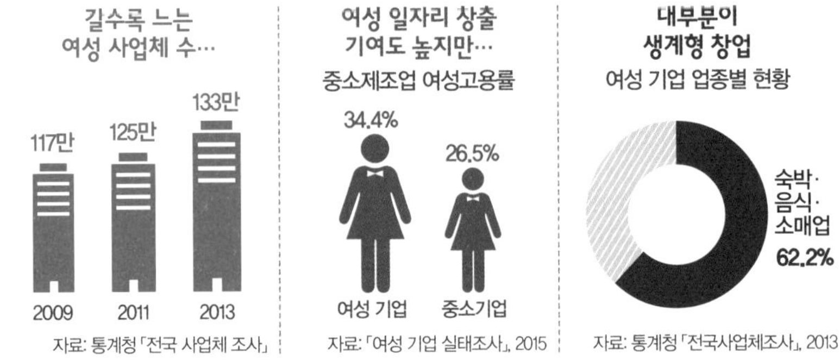

데 후진적 정부 지원 정책이 이를 더 부추기고 있다는 지적이 나온다. 각종 기업육성 정책의 핵심인 '기업가정신 고양'이 대한민국 여성 창업가에게 먼 나라 얘기처럼 들리는 이유를 알아보자.

'젠더 평등' 관점에서 벗어나지 못하는 여성 창업 지원

지난 1999년 취업취약계층인 여성의 경제활동 참가율을 높이기 위해 제정된 '여성기업지원에 관한 법률'에 따라 가정주부, 취업준비생, 여성가장 등 '생계형 창업자'를 위한 지원을 중심으로 정책이 마련됐다.

중소기업청의『2015 여성 창업 백서』는 "여성 창업 지원 정책의 방향이 여성 기업에 대한 편견을 없애고 많은 여성 기업들에게 균등한 혜택이 제공되도록 하는 등 '약자 배려'에 초점이 맞춰져 있었다"고 언급하고 있다. '여성 창업가' 지원이 한 개인의 기업가정신을 고취시켜

새로운 가치를 창출할 수 있도록 하는 '능동적 포지셔닝'을 취하기보단 사회적 약자에 대한 배려 혹은 불평등의 개선이라는 '보완적 포지셔닝'에 그쳐있는 셈이다.

법 제정 후 17년이 흐른 지금도 상황은 비슷하다. 여성창업 지원 주무부처인 중소기업청에서 여성을 대상으로 교육이나 공간이 아닌 '돈'을 지원하는 사업은 '저소득층' 여성에게 점포 임대보증금을 대출해주는 '여성가장 창업 자금'과 소상공인 정책자금 내 '여성가장 창업 초기비용 지원' 사업에 그친다.

그렇다면 여성 창업의 실태는 어떠할까. 2015년 기준 여성 창업자 10명 가운데 9명은 소상공인. 여성 사업체의 62.2%는 숙박 및 음식점업과 소매업 등 경쟁이 치열하고 성장가능성이 낮은 '생계형 산업'에 집중돼 있다. 한국여성정책연구원은 「여성기업 육성 정책의 새로운 패러다임 모색」 보고서에서 "여성기업지원법은 취업취약계층 여성의 창업을 활성화시켰다는 점에서 의의를 가진다. 하지만 여성의 기업가정신을 고취시키지 못하고 여성 창업이 여전히 영세사업장에 머물러 있다"고 밝혔다.

성장동력 멈춘 대한민국을 견인할 '고부가가치 여성 기업'

반면 저성장기에 접어든 대한민국 경제를 새롭게 견인할 주체로 수많은 전문가들이 주목하고 있는 게 '여성'이다. 여성의 경제활동참여율 증가는 물론이거니와 새로운 패러다임 및 혁신을 제시할 '여성 리더십'이 침체에 빠진 대한민국호를 회복시키는 새 원천이 될 수 있다고 생각하기 때문이다.

실제 「전국사업체조사」에 따르면 2004년부터 2013년까지 지난 10년간 제조업의 평균 순일자리증가율은 여성 기업이 4.5%로 중소기업(2.7%)보다 1.8% 포인트 높은 것으로 나타났다. 또한 여성 기업은 일반 중소기업에 비해 부채비율은 낮은 데 반해 자기자본 비율은 높아 상대적으로 건실한 경영지표를 보이고 있는 것으로 조사됐다. 기업가의 가장 중요한 능력으로 평가되는 '일자리 창출'과 '경영 안정성' 모두에서 여성 기업들이 우수한 성적표를 받아든 셈이다.

전문가들은 여성 CEO에 대한 지원이 약자에 대한 배려 등 더 이상 '시혜적 차원'에 그쳐서는 안 된다고 지적한다. 새로운 리더십 및 경영 패러다임 전환을 주도할 수 있는 여성들을 발굴해 이들의 '기업가정신'을 제고시키고, 이를 통해 더욱 다양한 산업 분야에서 여성들이 활약할 수 있도록 해야 한다는 것이다. 여성정책연구원은 여성 창업 정책과제로 "지원 정책의 패러다임을 기업가정신에 기반한 여성 창업 촉진과 성장 지원으로 전환해야 한다. 단순한 생계형 창업 지원이 아닌 다양한 사업 분야에서 고부가가치 아이템을 발굴하고 기술 혁신을 포함시키는 창업 지원 프로그램을 개발해야 한다"고 조언했다.

정부도 고부가가치 여성 기업 육성의 중요성을 인지하고 창업 우수 아이템을 발굴하는 '여성창업경진대회'나 유망 지식서비스 분야 창업기업을 육성하는 '여성스마트창작터' 등의 지원사업을 새롭게 실시하고 있다.

다만 정부의 고부가가치 여성창업 지원사업은 그 규모가 아직 미미하고 유망 여성 창업·벤처기업을 위한 자금 지원이 충분치 않다는 점이 숙제로 남아 있다.

정부는 이 문제를 해결하기 위해 2017년까지 500억 원 규모의 여성기업 펀드를 조성하겠다고 밝혔다. 그러나 투자대상이 '여성 기업'에서 전체 임직원 가운데 여성 비율이 35% 이상인 중소·벤처 기업으로 확대되면서 '반쪽짜리 정책'이라는 비판을 받고 있다.

여성 기업가를 대상으로 한 정부 지원의 '좁은 문'은 여성 CEO들에겐 '이중고'로 작용한다. 지금까지의 사회적 불평등 구조 탓에 여성들은 남성들에 비해 경제적 여유가 많지 않고, 그래서 자기자본을 활용할 여지도 상대적으로 적기 때문이다.

실제 여성들의 월평균 임금은 남성 임금의 62.8%에 불과해 초기 창업자금을 마련하는 데 한계가 있고, 이 때문에 고부가가치 산업에 선뜻 뛰어들기 힘들다. 2015년 중기청이 실시한 「여성 기업 실태조사」에 따르면 창업 준비 시 가장 큰 애로사항으로 '자금조달'을 꼽은 여성 기업가가 전체의 49.5%로 1위를 차지했다.

인구보건협회 경기지회 민경원 회장은 「여성 기업 지원방안에 관한 연구」를 통해 "여성 우선 연구 개발비, 여성 기업 우선 자금 지원방안 등을 통해 관행적인 여성 기업 지원을 탈피해 시장이 필요한 기업을 만들어낼 수 있는 시스템을 정비해야 한다"고 지적했다.

여성벤처 육성펀드… 아는 것이 '돈'이다

몰라서 못 받는 벤처 투자의 세계 들여다보기

"중소기업청은 올해 목표로 사상 최고실적을 재경신하는 '신규 벤처펀드 3.5조 원, 신규 벤처투자 2.3조 원'을 제시했다. 올해 전 부처의 모태펀드 총 출자규모는 7,350억 원으로 지난해 본예산 출자규모 6,050억 원보다 21.5% 증가된 공격적 출자 계획이라고 평가했다. 중소기업청은 5,200억 원을 출자해, '창업 → 성장·글로벌 → 회수'의 기업 성장단계별 펀드와 지방기업, 여성기업 펀드 등 다양한 맞춤형 벤처펀드를 1.4조 원 이상 조성할 계획이다."

2017년 초 중소기업청이 '2017년 모태펀드의 출자방향'을 발표하면서 배포한 보도자료의 일부분이다. 이를 인용한 언론들의 기사 내용도 별반 다르지 않다. 현실감 없는 금액들이 나열된 보도를 보고 '나와 상관없는 일'이라 여기거나 막연한 기대만 품는 창업자들이 부지기수다. 그러나 하늘은 스스로 돕는 자를 돕는다고 했다. 아무리 정부에서 천문학적인 금액의 투자 펀드를 조성한들 창업자가 알아서 찾아먹지 못하면 그야말로 '남의 돈'일 뿐이다.

여성기업펀드도 마찬가지다. 정부는 그간 투자시장에서 배제돼온 여성기업에 자금 물꼬를 터주기 위해 2014년부터 2016년까지 3년간 390억 원 규모의 펀드를 조성해왔다. 2017년에도 중소기업청은 지방·여성 기업을 대상으로 최소 480억 원 규모의 펀드를 결성할 계획이라고 밝혔다. 이 역시 투자 경험이 없는 초보 여성 창업자에게는 '몰라서 못 쓰는 돈'이 될 공산이 크다. 알아야 돈이 되는 '여성벤처 육성펀드'에 대해 자세히 들여다보자.

벤처캐피털 펀드 이해하기

중기청의 보도자료를 보면 정부가 3조 5,000억 원의 신규 벤처펀드를 조성하고 모태펀드에서 총 7,350억 원을 출자할 것이라는 사실을 알 수 있다. 모태펀드Fund of Funds는 영어 명칭 그대로 '펀드에 투자하는 펀드'를 뜻한다. 우리나라의 경우 '벤처기업육성에 관한 특별 조치법'에 따라 정부기금과 예산으로 조성돼 벤처기업을 위한 펀드에 출자하고 있다. 즉 정부가 올해 3조 5,000억 원 규모의 펀드를 만들 예정이고 그 가운데 7,350억 원을 스스로 내겠다는 얘기다.

한국 모태펀드 운용 구조

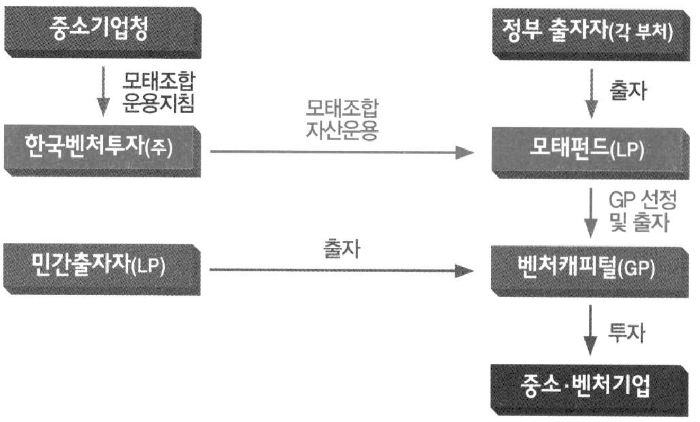

나머지 2조 7,650억 원은 어디서 올까. VC가 직접 펀드를 결성해 운용하는 경우 해당 VC는 업무집행조합원GP, General Partner이, 펀드에 돈을 내는 출자자는 유한책임조합원LP, Limited Partner이 된다. 정부 주도로 결성되는 펀드는 이와 반대의 방식으로 조성된다. 정부가 돈을 내는 LP의 역할을 하고 VC를 GP로 선정해 나머지 금액을 투자할 LP를 모집하고 펀드를 운용하게 하는 식이다. 나머지 2조 7,650억 원은 GP를 맡은 VC와 다른 민간 출자자가 충당하게 되는 것이다.

지난해 145억 원 규모로 결성된 여성기업펀드를 예로 들어보자. 이 펀드의 경우 중소기업청 소관의 투자관리전문기관인 '한국벤처투자(주)'가 100억 원을 출자하고 GP로 '캐피탈원'을 선정했다. 펀드에 10억 원을 낸 캐피탈원은 나머지 35억 원을 출자할 LP를 모집하는 데 성공해 지금까지 3개의 여성벤처기업에 투자를 완료했다.

여성기업펀드 투자는 어떻게 받을까

현재 여성기업펀드 GP로 선정돼 투자를 진행 중인 VC는 3곳이다. '포스코기술투자'가 100억 원, '캐피탈원·수림창업투자'가 각각 145억 원 규모의 펀드를 운용하고 있다. 여성기업펀드는 총액의 60%를 여성이 최대주주이거나 대표이사로 있는 여성 기업 또는 여성이 35% 이상 재직하는 중소·벤처기업에 투자해야 한다.

여성벤처 육성펀드

회사명	조합명	등록	결성총액	만기
포스코기술투자	포스코여성전문 투자조합	2014년 7월	100억 원	2022년 7월
수림창업투자	수림여성창조기업 투자조합	2015년 12월	145억 원	2023년 12월
캐피탈원	캐피탈원 여성창조기업투자조합	2016년 9월	145억 원	2024년 9월

자료: 중소기업 창업투자회사 전자공시 시스템(DIVA)

어떤 VC가 펀드를 운용하고 있는지 알아냈다면 이들에게 기업의 존재를 알릴 차례다. 가장 일반적인 방법은 투자 회사의 공식·비공식 네트워크를 이용하는 것이다. 투자처 공모사업이나 이메일 등 사업계획서를 제출할 수 있는 공식채널이 있다면 이를 활용하고, 지인을 통해 해당 VC의 심사역에게 연락을 취하는 것도 방법이다.

심사역과 연락이 닿으면 본격적인 심사가 시작된다. 보통 회사의 개요와 사업 내용에 대한 정보를 간단히 주고받은 뒤 '관심 있는 기업'이라는 판단이 들면 VC가 추가 자료를 요청한다. 자료 검토 후 기업 실사나 대표 인터뷰 과정을 거쳐 투자가 결정된다.

전문가들이 추천하는 가장 좋은 방법은 'VC가 나를 찾아오게 하는 것'이다. VC에게도 투자할 좋은 기업을 찾는 것이 가장 중요한 과제이므로 언론 홍보나 경진대회 등 대외 노출을 통해 기업의 존재를 알리는 게 중요하다는 얘기다. 정부기관이나 스타트업 엑셀러레이터의 인큐베이팅 프로그램에 지원하는 것도 VC를 만날 수 있는 좋은 창구가 될 수 있다.

여성창조기업투자조합을 운용하고 있는 캐피탈원의 이광수 부장은 "여성 기업의 경우 정보를 얻기 어려워 여성벤처협회나 한국여성경제인협회에 심사역이 먼저 문의하거나 협회를 통해 연락이 오는 경우가 많다. 여성 창업 전문기관을 활용하는 것이 가장 쉬운 길이 될 수 있다"고 조언했다.

2016년 한 해 동안 여성기업펀드를 포함한 VC의 투자를 받는 데 성공한 여성벤처기업은 16개다. 이들 기업의 특징은 여성이 구매 주도권을 쥐고 있는 분야에 기술을 접목한 아이템으로 사업을 일구고 있다는 점이다. 온라인 프리미엄 식품 쇼핑몰을 운영하고 있는 기업 '더파머스'는 170억 원의 투자를 유치했고, 중국으로부터 9억 원을 투자받은 '피에나'는 유아 전문 가전제품을 생산하는 기업이다. 이밖에도 가계부 애플리케이션, 모듈화된 리모델링 서비스 등 여성이 주요 타깃인 아이템과 IT 기술을 융합한 기업이 투자자들의 러브콜을 받았다.

이 부장은 "아이템을 가려 받지는 않지만 미래세대의 먹거리를 개발하는 문제가 다급한 만큼 향후에 각광받을 수 있는 사업에 투자자의 관심이 쏠리고 있다"고 전했다.

VC 투자…'男 독식' 깨야 새 시장 보인다

"내가 후드티를 뒤집어 쓴 21살의 남자였다면 '비붐Vivoom'은 VC들에게 더 매력적인 기업이었을 것이다."

미국의 애드테크 스타트업 '비붐'의 공동창립자이자 CEO인 캐서린 헤이즈Katherine Hays는 이렇게 말했다. VC와의 미팅 룸에서 늘 유일한 여성이었다는 헤이즈는 그녀의 첫 번째 스타트업 '매시브인코포레이티드Massive Incorporated'를 여러 번의 투자를 거쳐 마이크로소프트MS 사에 매각시킨 경험이 있는 실력자다. 그런 그녀에게도 VC 시장의 성性 장벽은 피부로 느껴지는 현실이었다.

VC 투자 받은 곳 중 여성 기업 10%도 안 돼

실제로 미국 초기 투자 회사 'Female Founders Fund'의 보고서에 따르면 2015년 200개가 넘는 샌프란시스코만 지역 스타트업들이 시리즈A(엔젤투자 이후 첫 벤처캐피털 투자 단계) 투자를 받았는데 그 가운데 겨우 8%만이 여성 스타트업이다. 여성이 설립한 뉴욕 소재 기업 가운데 시리즈A 투자를 받은 곳 역시 13%에 불과하다. 와튼스쿨의 에단 몰릭Ethan Mollick 경영학 교수는 "미국 신규 사업체의 38%를 여성이 설립하는데 벤처캐피털의 투자를 받는 여성 기업은 2~6%밖에 되지 않는다. 바로 이것이 문제다"라고 강조했다.

기업 대표자 성비와 엔젤·VC 투자를 받아본 경험 유무

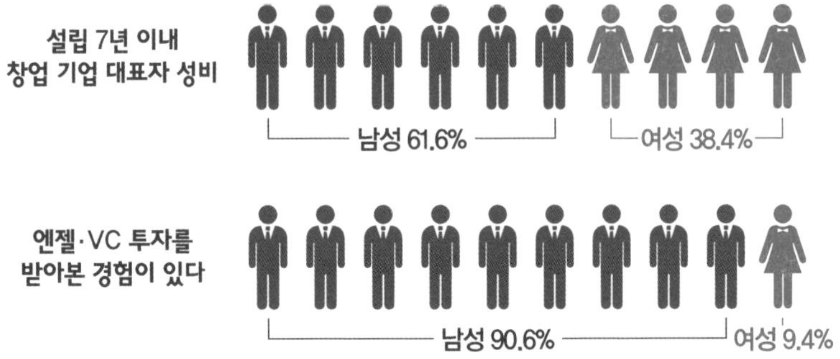

자료: 중소기업청 「창업기업 실태조사」, 2015

이는 비단 바다 건너 얘기에 그치는 건 아니다. 우리나라도 상황은 마찬가지다. 2015년 중소기업청의 「창업기업 실태조사」에 따르면 7년 미만의 창업기업 가운데 여성이 설립한 기업은 38.4%를 차지한다. 그러나 엔젤투자자나 벤처캐피털 투자를 이끌어낸 기업 가운데 남성 창업자가 차지하는 비율은 90.6%인 데 반해 여성 기업은 9.4%에 그쳤다. 스타트업 미디어 《플래텀》의 분석 결과에 따르면 2016년 투자를 받은 국내 스타트업 244개 가운데 여성이 설립한 스타트업은 단 16곳뿐이다.

VC는 왜 여성 창업가에게 투자하지 않는가

VC들이 여성 기업에 '관심이 덜 한' 이유는 여러 가지다. 첫 번째는 여성 기업 대다수가 VC의 투자를 이끌어내기 어려운 '소형 업체'에 머무르고 있다는 점이다. 여성 기업은 상대적으로 작고 영세하며 성장

벤처캐피털 전문 심사역 성비 구조

*2015년 기준

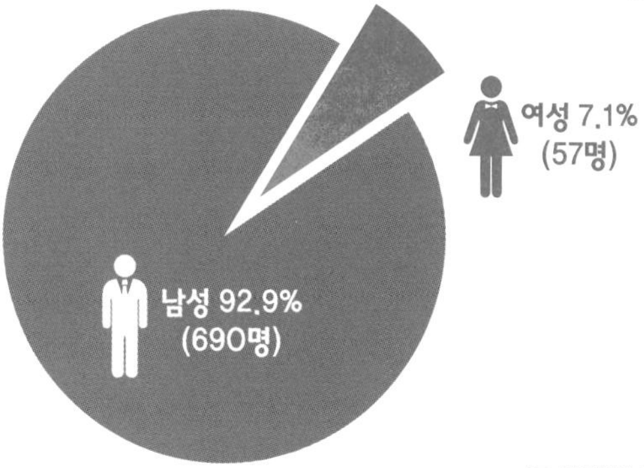

자료: 한국벤처캐피탈협회

성이 낮은 외식업, 도소매업 등에 치중해 있다.

실제로 국내 여성 창업자 10명 가운데 9명은 소상공인이며 이들 사업체의 62.2%는 숙박 및 음식점업과 소매업 등 주로 소상공인이 선택하는 업태에 집중돼 있다. 창업을 하는 데 투입할 수 있는 자금이 남성의 절반 수준에 불과한 여성들로서는 애초부터 창업 분야의 '선택지'가 적을 수밖에 없다. 이러한 경향은 테크 스타트업에도 그대로 적용된다. 여성이 창업한 테크 스타트업의 경우 투자를 받기보다 자신의 개인 저축을 사업자금으로 쓰는 소규모 창업자의 비율이 남성보다 훨씬 높다는 조사결과도 있다.

남성 중심의 VC 시장 구조가 자연스럽게 여성을 배제하도록 만든다는 주장도 나온다. 초기 단계의 스타트업은 기업가치를 판단할 객관적인 정보가 부족한 경우가 많고, 이러한 상황에서 투자자들이 '성별' 등 비본질적 자료에 기반해 판단을 내리는 오류를 범한다는 것이다. 특히 심사역 대부분이 '남성'인 VC 시장에서 남성 중심의 네트워크는 더 많은 남성 기업들을 투자 시장에 끌어들인다. 2015년 기준 한국벤처캐피탈협회에 등록된 심사역은 747명이다. 그중 여성 심사역은 7.1%에 불과한 57명뿐이다. 몰릭 교수는 "만약 누군가와 성별과 인종, 사회적 배경 등을 공유하고 있다면 동일한 네트워크에 속해 있다는 뜻이며 함께 일하고 싶은 마음이 더 생기기 마련"이라고 말한다. 이 같은 '유유상종 원칙'의 문제는 시스템이 날이 갈수록 고착화될 수밖에 없고, 여성은 네트워크를 구축하기가 점점 더 어려워진다.

와튼스쿨의 사이캇 차드허리Saikat Chaudhuri 교수는 많은 VC들이 암암리에 여성 기업들을 평가절하하고 있다고 주장한다. 여성들이 가정 때문에 남성만큼 기업에 헌신하지 않을 것이라고 추측하기 때문이다. 그는 "VC들은 여성 창업가들에게 무의식적으로 가정생활을 희생할 의사가 있는지 묻곤 한다. 일과 가정의 양립이 여성들만의 문제가 아닌 세상이 왔음에도 불구하고 남성과 여성에게 다른 잣대를 들이댄다"고 우려한다. 한국도 상황은 별반 다르지 않다. VC들이 남성에게는 묻지 않는 '결혼'이나 '육아'에 관한 질문을 여성 기업가들에게 당연하게 던지는 것은 어제오늘 일이 아니다.

투자 시장의 왜곡을 바로 잡아야 하는 이유

일각에서는 투자 시장이 철저히 자본주의의 논리로 작동되는 곳이기 때문에 여성 기업이 외면당하는 데는 낮은 수익률 등 명확한 이유가 있지 않겠느냐는 주장을 하기도 한다. '성평등'이라는 정의正義의 잣대 대신 자본의 논리가 우세할 수밖에 없는 시장이니 다소의 '성차별'은 어쩔 수 없다는 것이다.

그러나 이 기준을 놓고 봐도 투자시장의 성별 격차는 이해되기 어렵다. 최근 통계만 봐도 여성 기업이 일반 기업보다 수익성과 안정성이 높다는 사실이 쉽게 증명된다. 2014년 국내 여성 기업의 수익성은 5.1%, 부채비율은 108.8%를 기록했다. 같은 기간 전체 기업의 수익성 4.0%, 부채비율 134.5%와 확연히 비교되는 수치다. 이 같은 숫자를 들이밀지 않더라도 가능성을 보고 투자하는 VC 시장에서 누구나 동등한 기회를 보장받는 것은 건강한 생태계 조성을 위해 무엇보다 중요하다고 전문가들은 말한다.

엔젤투자자이자 '픽몽키PicMonckey'의 CEO인 조나단 스포자토

미국에선 이런 새로운 관점을 반영한 엔젤투자자가 2015년 이미 등장했다. 위젯 회사인 '파트비츠Phatbits'와 사진 편집 서비스 '피크닉Picnik'을 구글에 매각해 유명해진 조나단 스포자토Jonathan Sposato가 그 주인공이다. 그는 2015년 5월 시애틀 앤젤컨퍼런스에서 "여성 창업자가 한 명도 없는 기업에는 투자하지 않겠다"고 선언해 세간의 관심을 모았다.

스포자토가 이 같은 결정을 내린 건 단지 그것이 옳은 일이라고 생각했기 때문만은 아니다. 그는 "만약 당신이 남자를 위한 공간을 만들면 오직 남자만 찾아올 것이고, 여자를 위한 공간을 만들면 남자와 여자가 함께 찾을 것"이라며 기업에도 여성 경영자의 '다른 시각'이 필요한 때라고 역설했다. 애플의 CEO인 팀 쿡Tim Cook이 같은 해 6월 '애플 세계개발자회의Worldwide Developers Conference'에서 "여성이 기업의 미래다"라고 발언한 것 역시 같은 맥락에서 이해할 수 있다.

스포자토의 이야기를 심도 있게 다룬 글로벌 여성 미디어 'GIRL TALK HQ'는 그의 선언을 이렇게 평가했다.

"성적 다양성을 추구하는 일은 이제 더 이상 '단지 옳은 일이기 때문에' 해결해야 하는 숙제가 아니다. 투자시장의 성별격차 해소는 21세기에 걸맞은 비즈니스의 방식이다."

03

창업과 여성 창업은 다르다
여성 CEO를 위한 경영조언

'남성적'인 척하지 않고도 성공하는 법

리더 자리에 있는 여성이라면 남성적인 면모를 갖춰야 한다는 조언을 한 번쯤 듣게 된다. 자기 주장이 세고, 도전적이며, 야심도 넘치는 소위 '남성적 리더십'이 조직을 성공으로 이끈다는 믿음 때문이다.

그러나 안타깝게도 여성 리더가 실제 남성처럼 행동하기 시작하면 동료와 직원들은 그를 '권위적인 리더'라고 평가하기 십상이다. 우리 사회는 여성 리더들에게 '남성적 리더로서의 역할'뿐 아니라 협동적이며 고분고분한 '여성으로서의 역할'도 함께 수행할 것을 요구한다. 이러한 이중적 기대 때문에 많은 여성 리더들은 '부드럽고 여성스러우면서도, 강하고 카리스마 넘치는' 모순적 행위를 요구받을 때가 많다.

도대체 여성 리더들은 어떻게 행동해야 할까? 국제 리더십 컨설팅 단체 '스카이라인그룹인터내셔널Skyline Group International'은 여성 리더가 '남성적'인 체하지 않고 자신만의 효율적인 리더십을 찾는 방법에 대해 5가지 상황을 들어 조언한다.

1. 직원과 '함께' 계획을 짜라

리더가 직원을 세세하게 코칭하는 일은 이들을 성장시키는 가장 확실한 방법처럼 보일 수 있다. 그러나 이 방법은 '성장'을 가능케하기보단 '명령'과 '이행'이라는 수직적이고 일방적 커뮤니케이션에 의해 폐해만 야기할 가능성이 높다는 사실을 명심하자.

직원들이 어떤 일을 해야 하는지 구체적으로 지정하고 이를 위한 명확한 플랜을 짜는 대신 그들을 대화에 참여시켜라. 직원들은 업무에 대한 탐구와 도전을 독려하는 리더에게 더 좋은 반응을 보인다. 조직 구성원들이 '무엇을 어떻게 해야 하는지'를 지시하는 데 그치지 말고 그들이 '어떤 일을 왜 해야 하는지'를 생각하게 하라. 직원들에게 스스로 향상시키고 싶은 업무 기량과 장기적인 목표를 묻고 '함께' 계획을 짜는 것이 좋다.

2. 정직한 모습으로 리더십을 세워라

여성 리더들은 종종 직원들의 존경을 받기 위해 '근엄해 보일 필요가 있다'고 생각한다. 직원들 앞에서 과하게 격식을 차리며 '얼음여왕'

이라 불리는 방법을 선택한다. 그러나 이러한 모습은 구성원과의 진실된 의사소통을 가로막을 뿐이다.

리더들은 진짜 자기 자신을 직원들에게 내보일 필요가 있다. 리더는 직원들과 거리를 두는 차가운 모습 없이도 전문적으로 보일 수 있다는 사실을 기억하자. 직원들이 신뢰할 수 있는 정직한 모습으로 존경을 얻어라. 중요한 것은 '권위'가 아니라 '영향력'이다.

3. 위험을 감수하는 게 미덕만은 아니다

'남성적 리더십'이 조직에서 각광받는 이유는 높은 위험을 감수해 큰 결과물을 얻기 때문이다. 반면 여성 리더들은 '왜 위험을 감수하는 도전을 하지 않느냐'는 비판에 직면하기도 한다.

그러나 안정적인 경영을 추구하는 성향은 여성 기업의 장점이지, 단점만은 아니다. 실제 2008년의 「국내 여성중소기업과 남성중소기업의 경영성과 비교 연구」에 따르면 한국의 여성 기업은 남성 기업에 비해 부도와 같은 사고율은 낮고 수익성이나 생산성은 더 높아 재무적 건전성이 더 우수한 것으로 나타났다.

남성 리더처럼 위험을 감수하는 선택 대신 여성의 장점을 살려 시간을 두고 여러 가지 시나리오를 계획하는 면도 필요하다. '남성적 리더십'에 혹해 한 번의 성공을 위해 모든 것을 베팅할 필요는 없다.

4. 직원의 장기성과에 힘을 보태라

조직 구성원의 업무를 돕는 일은 효율적인 리더십의 중요한 부분

중 하나다. 그러나 리더가 조직의 단기적 성과만을 위해 구성원들의 업무에 손을 대기 시작하면 권위적으로 보이기만 할 뿐 전혀 도움이 되지 않는다. 직원들은 진심으로 도움을 받았다고 느끼기보다 리더가 세세한 점까지 간섭한다고 생각할지도 모른다.

직원이 마감일을 지키거나 고객을 만족시키도록 리더가 돕는 것은 좋다. 그러나 그 도움이 단순히 그날 하루를 무사히 마치기 위함이 아니었는지 고민하라. 단순히 구성원들이 프로젝트를 마치거나 해야 할 일들을 정리하는 것을 돕지 말고 장기적인 목표를 위해 그들에게 필요한 업무 기량을 향상시키는 일에 힘을 보태라는 얘기다. 직원들의 기량 향상이 곧 조직의 발전이기 때문이다.

5. 잦은 피드백 대신 큰 그림 안에서 지적하라

조직 구성원들이 업무에 대한 피드백을 자주 받길 원한다는 사실을 깨닫는 리더들이 점차 늘고 있다. 그러나 매일매일의 성과를 측정하는 일일 게시판 같은 시스템은 금물이다.

업무 수행에 관한 피드백은 경쟁이 중심이 돼서는 안 되며, 직원들을 끊임없이 압박하는 수단이 돼서도 안 된다. 정기적으로 구성원들과 함께 조직의 큰 그림 안에서 직원들의 업무 수행 내용을 살피는 자리를 만들라.

직원의 실수에 집중하지 말고 그들의 성장을 어떻게 도울 것인지에 초점을 맞추라. 직원들이 실수를 저지르면 그것을 배움의 기회로 삼을 수 있도록 그들이 다음에 어떤 것을 더 잘할 수 있는지 설명하라.

여성 CEO에게 더 유리한 'CEO 마케팅'

"오늘부터 우리집 라면은 오뚜기다."

온라인을 뜨겁게 달군 미담 하나가 수많은 가정의 식탁을 바꿔놓았다. 이야기의 주인공은 오뚜기 고故 함태호 명예회장이다. 그가 생전에 행했던 크고 작은 선행이 뒤늦게 화제가 되면서 국내 소비자들이 오뚜기를 무한 신뢰하기 시작한 것이다. 기업명 앞에 '갓god'을 붙인 '갓뚜기'라는 단어가 오뚜기를 지칭하는 대명사가 됐을 정도다. 오뚜기는 소비자들의 신뢰를 등에 업고 2016년 매출 2조 클럽에 이름을 올렸다.

오른손이 한 일을 왼손이 알게 하라

'오른손이 한 일을 왼손이 모르게 하라'는 함 명예회장의 철학에 따라 그의 선행은 사후에야 조명받았지만 이 현상에 대한 시사점은 분명하다. CEO의 개인적 평판이 기업에 중대한 영향을 미칠 수 있다는 것이다. 오뚜기와 반대로 CEO나 기업 오너의 나쁜 평판이 기업의 이미지와 실적에 타격을 입히는 경우도 무수히 많다.

그러나 대한민국에서의 'CEO 평판reputation'은 다른 나라의 그것과 사뭇 다르다. 함 명예회장의 인생 철학이 보여주듯 'CEO는 겸손해야 한다'는 인식이나 '경영자는 오직 숫자로만 말한다'는 고정관념이 존재한다. 그래서 대중이 CEO의 목소리를 들을 수 있는 창구는 검찰 조사를 받으러 출두하는 생중계 영상이 대부분이다.

반면 페이스북의 마크 저커버그, 링크드인Linked in의 제프 와이너Jeff Weiner 등 글로벌 기업의 CEO들은 행사와 강연, 소셜 미디어를 종횡무진하며 존재감을 과시한다. 소비자와 기업 이해관계자들의 반응도 뜨겁다. 이들은 CEO에게서 회사의 비전이나 산업 트렌드를 직접 듣길 원하기 때문이다. 우리나라 대중들도 마찬가지다. 정용진 신세계그룹 부회장이 '정용진의 주관적인 포스팅'이라는 제목으로 개인 SNS 계정을 열었을 때 며칠 만에 팔로워가 수만 명을 넘은 것도 같은 맥락이다.

외부에 CEO의 존재감을 드러내는 일은 이제 '개인의 자만심'이나 '스타병'이 아닌 기업의 필수 과제가 됐다. 글로벌 PR기업 웨버샌드윅Weber Shandwick의 2015년 조사에 따르면 글로벌 임원의 50%가 '향후 CEO 명성이 기업 명성보다 더 중요해질 것'이라고 답했으며 81%가 CEO의 외부 소통을 '기업 명성 관리를 위해 특히 중요한 요소'로 꼽았

CEO의 평판 관리와 기업 명성의 상관관계

전 세계 임원 1,700명을 대상으로 한 조사 결과

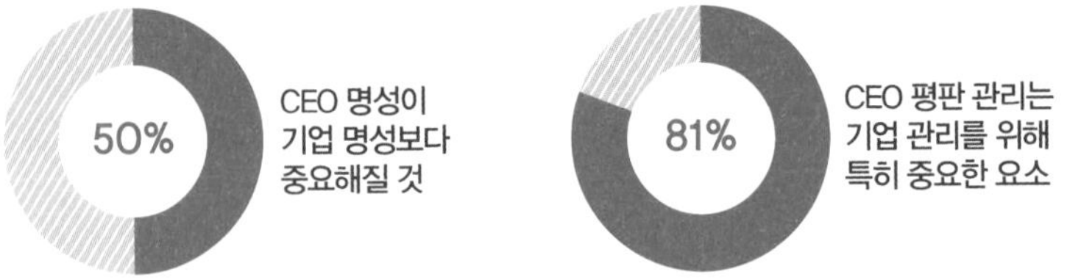

자료: 웨버샌드윅 「The CEO Reputation Premium」, 2015

다. 조사 보고서는 "기업 비즈니스 성공에 있어 CEO 명성은 중요하며, CEO 평판 관리가 가장 가치가 크고 경쟁력 있는 자산"이라고 분석하고 있다.

CEO의 평판은 기업 비즈니스의 근간에도 영향을 미친다. 많은 글로벌 기업 임원들이 자사의 시장 가치가 CEO의 명성 덕분이라고 평가하고 있으며 인재 채용과 고용 유지에도 좋은 효과가 있다고 본다. 한국 기업 임원의 경우 81%가 "CEO 명성이 인재 채용에 긍정적인 영향을 미친다"는 의견을 내놨다.

CEO 평판과 기업 명성의 상관관계는 스타트업에서 더욱 두드러진다. 홍보 창구가 다양하지 않은 초기 기업의 CEO가 좋은 평판을 얻을 수 있다면 사막에서 오아시스를 만난 것과 다름없기 때문이다. '착한 생리대 만드는 남자'로 유명한 소셜벤처 업드림코리아의 이지웅 대표는 SNS를 잘 활용해 큰 홍보 효과를 얻고 있는 스타트업 CEO 중 한 명이다. 진심을 담아 페이스북에 게시한 글이 유명세를 타면서 이 대표의 개인 계정은 업드림코리아의 가장 중요한 홍보 창구가 됐다. 그는 이후에도 꾸준히 사업의 진척 상황이나 기업의 소소한 일상을 담은 글을 올리며 잠재적 소비자들과 신뢰를 쌓고 있다.

'여성 CEO 마케팅', 대중과의 소통 넘어 유리천장 없앤다

CEO의 평판이 기업에 미치는 영향에 성별의 차이는 존재할까. 웨버샌드윅은 "조사 과정에서 여성 CEO들이 외부 이해 관계자들과의 소통을 넘어, 기업 내부 가치를 끌어올리고 사회적 인식을 바꾸는 데 차별화된 역할을 하고 있음을 발견했다"고 밝혔다.

추가로 진행된 조사 결과에 따르면 성별과 관계없이 모든 CEO의 명성이 기업에 미치는 긍정적인 영향은 기본적으로 동일하다. 여성이 일단 CEO가 되면 성별은 더 이상 문제가 되지 않는다는 얘기다.

차이점이 있다면 여성 CEO가 평판 관리에 특화돼 있으며 남성보다 더 적극적이라는 것이다. 여성 CEO들은 보통 언론 접촉 빈도가 남

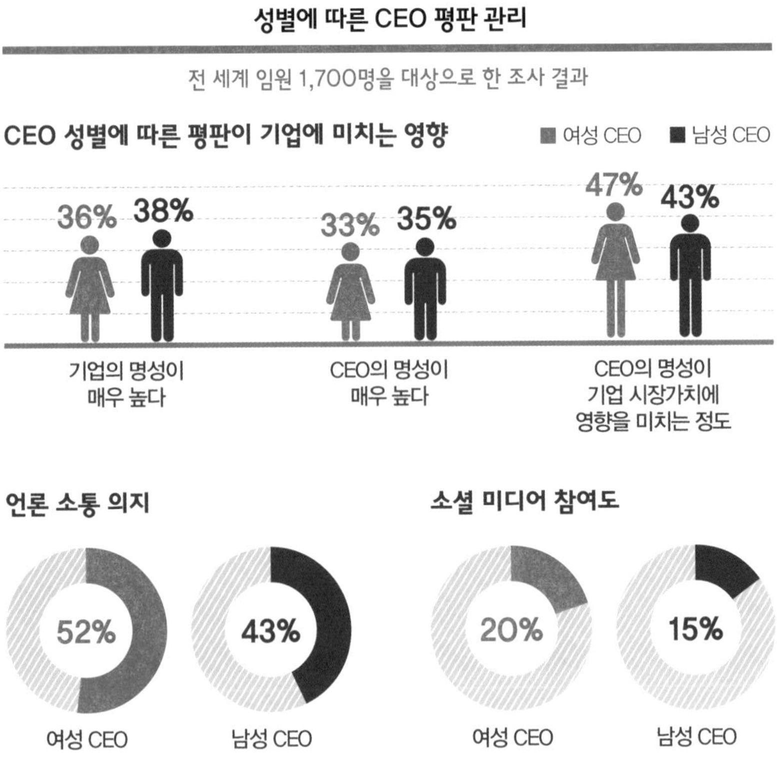

자료: 웨버샌드윅 「The Female CEO Reputation Premium? Differences & Similarities」, 2015

성 CEO보다 높고 대중과의 소통 과정에서 남성들보다 더 편안함을 느낀다. 2014년 《포춘Fortune》이 선정한 '가장 강력한 여성MPW 목록'을 분석한 결과 MPW의 76%가 온라인 소통에 참여하고 있으며 회사 웹사이트에서도 눈에 띄는 존재임이 확인됐다. 이밖에도 여성 CEO들은 유튜브 채널이나 소셜 네트워크 등의 도구를 현명하게 활용해 회사의 메시지를 전달하고 브랜드를 강화하는 데 많은 노력을 기울인다.

여성 CEO의 명성이 가져오는 긍정적인 효과는 또 있다. 여성 CEO들이 대중적으로 노출될수록 이에 영감을 받는 차세대 여성 리더들이 늘어난다는 점이다. 여성들은 '롤모델'인 여성 CEO가 있는 경우 계층사다리의 가장 꼭대기에 올라서고 싶은 욕망이 강해지는 것으로 나타났다. 여성 CEO와 함께 일하는 여성들은 회사에서 오래 일할 가능성이 높다는 조사결과도 있다.

웨버샌드윅의 수석부사장 캐롤 발록Carol Ballock은 "CEO와 기업 평판의 상관관계는 여성에게 특히 중요하다. 정상에 오른 여성 리더의 평판은 여성들이 유리천장을 깨고 사다리를 오르도록 고무시킨다"고 강조했다.

기회는 적극적으로 달려드는 여성에게 주어진다

하버드 대학생이 만든 친목 프로그램에서 연매출 180억 달러 규모의 광고 네트워크로 성장한 '페이스북'. 그 성공의 근간에 창립자 마크 저커버그가 아닌 다른 사람이 존재한다.

일과 인생, 더 나은 세상을 위해 여성은 무엇을 해야 하는가

2007년 페이스북은 사용자의 인터넷 활동을 수집해 공유하는 새 광고 시스템 '비콘Beacon'의 사생활 침해 논란으로 큰 곤경에 빠져 있었다. 이때 저커버그는 비콘의 대실패를 인정하고 최고운영책임자 COO를 삼고초려 끝에 영입했다. 새 최고운영책임자는 '소비자 참여형 광고'를 개발해 도입 첫 해에만 1억 달러의 수익을 올렸는데, 그가 바로 페이스북의 2인자 '셰릴 샌드버그Sheryl Sandberg'다.

'세계에서 가장 영향력 있는 여성 리더'라는 수식어에 걸맞게 샌드버그의 이력은 화려하다. 그녀는 페이스북에 입성하기 전 하버드대 경제학과를 수석 졸업하고 미국 재무장관 비서실장을 거쳐 구글 Google에서 부사장으로 6년간 일했던 전형적인 엘리트 여성이다.

샌드버그의 영향력은 비단 비즈니스 세계에만 그치지 않는다. 그녀는 2010년 '왜 여성 리더는 소수인가'를 주제로 테드TED 강연을 하면서 여성 문제에 목소리를 내기 시작했다. 2013년에는 여성 리더십에

Sheryl Sandberg

- 現 페이스북 최고운영책임자
- 페이스북 최초 여성임원
- 美 하버드대 경제학과 수석 졸업
- 前 美 재무장관 비서실장
- 前 세계은행 수석 경제학자 연구 보좌관
- 前 구글 글로벌 온라인 판매 운영 부사장

관한 책 『린인Lean In』을 냈고 같은 이름의 여성재단을 설립해 운영하고 있다. 남성들로 가득한 실리콘밸리에서 리더로 오랫동안 살아남은 그녀는 여성들에게 어떤 조언을 했을까.

기회가 있다면 달려들어라

페이스북이 주식 상장을 하던 날, 《뉴욕타임즈New York Times》는 '샌드버그가 운이 좋았으며 강력한 멘토가 옆에 있었기에 가능했던 일'이라는 논평을 냈다. 기사는 '그녀가 남자였다면 운이나 멘토 타령을 하지 않았을 것'이라는 비판을 받았다. 그러나 샌드버그는 그 보도 내용이 과거에 스스로에게 수없이 했던 말이었다고 털어놨다.

여러 연구에 따르면 여성들은 자신이 한 일에 대해 칭찬받는 것을 견디지 못한다. 남의 인정을 받아도 뭔가 착오가 있다고 생각하며 죄책감을 느낀다. 그래서 성공의 원인을 물으면 남성들은 '내가 잘해서'

라고 생각하는 반면 여성은 '주위 사람 덕분에', '운이 좋아서'라고 여기는 경향이 있다.

샌드버그는 여성들이 자기 의심을 떨치고 자신감을 가져야 한다고 말한다. 자신감이 없더라도 있는 척 가장해야 기회를 잡을 수 있다는 것이다. 그녀가 구글에 있을 때 남성은 여성보다 훨씬 빨리 승진했다. 그도 그럴 것이 프로젝트를 새로 시작한다고 발표하면 남성 직원들은 사무실로 찾아와 자신이 책임자가 돼야 하는 이유를 설득하기 바빴다. 반면 여성 직원들은 '그 일을 잘 해낼 수 있을지 모르겠다'며 손사래를 쳤다.

샌드버그가 말하는 '린인'은 이처럼 자꾸 '뒤로 물러서지Lean Back' 말고 '적극적으로 달려들라Lean In'는 주문이다. 그녀는 기회는 적극적으로 달려드는 사람이 쥐게 마련이라며 "자신에게 완벽하게 들어맞는 기회를 노릴 것이 아니라 스스로 기회를 잡고, 그 기회를 자신에게 맞춰야 한다"고 당부했다.

여성임을 미리 걱정하지 말라

샌드버그에게 한 여성 직원이 찾아온 적이 있었다. 그 직원은 일과 가정의 양립에 대해 깊은 고민을 털어놨다. 샌드버그가 직원에게 조만간 아이를 낳을 계획이냐고 조심스럽게 묻자 "아직 남자친구도 없다"는 답이 돌아왔다.

샌드버그는 여성들이 결혼이나 출산의 상황을 미리 걱정해 점점 직장에서 도전하는 것을 포기한다고 지적한다. 그러다 보면 일에 대한 흥미는 점점 떨어지게 되고 직장을 포기하기 쉬워진다.

확실한 자녀계획이 없는 데도 지레 주춤해 일을 포기하려 하거나 다른 길을 찾으려는 여성들이 있다면 두 아이의 엄마이자 성공한 여성 리더인 샌드버그의 조언을 귀담아 듣자.

"임신하겠다고 마음을 먹어도 실제 아이를 가지기까지 몇 년이 걸릴 수도 있는 일입니다. 미리 겁먹고 물러선다면 당신은 원래 올랐어야 할 직위에 오르지 못할 가능성이 크죠. 동료들보다 뒤처져 있으니 아이를 낳고 직장에 돌아오거나 새로운 일을 시작하기 힘들어질 테고요. 휴식이 필요하거나 출산을 하면 그때 일을 줄이면 됩니다. 그 전까지는 기회를 붙잡기 위해 달려들어야 할 중요한 시기입니다."

성공한 여성은 미움을 받는다는 편견에 당당해져라

한 성공한 벤처 사업가의 이름이 '하이디Heidi'일 때와 '하워드Howard'일 때 사람들의 반응에는 어떤 차이가 있을까. 미국 콜롬비아 대학의 연구에서 학생들은 남자 이름인 '하워드'에게 더 큰 매력을 느꼈다. 반면 여자 이름인 '하이디'는 이기적이고 함께 일하고 싶지 않은 사람이라고 생각한 학생들이 많았다.

일반적으로 남성에게는 성공과 호감도가 긍정적 이미지로 연결되지만 여성은 그 반대일 가능성이 높다. 자기주장이 강하고 경쟁심이 강한 여성은 사회가 요구하는 틀에서 벗어나기 때문에 '남성'처럼 행동한다는 평가를 받는다. 그리고 우리 사회는 남성처럼 행동하는 여성을 싫어한다.

샌드버그는 이러한 편견 때문에 여성은 기회가 생겨도 주춤거리거나 뒤로 물러나기 십상이라고 말한다. 누구나 유능한 동시에 성품이 좋은 사람을 고용하거나 승진시키고 싶어 한다. 그러나 유능한 여성은 성품이 그다지 좋아 보이지 않는다는 시선 탓에 여성들이 도전에 소극적일 수밖에 없다는 것이다.

샌드버그 자신도 이 문제에서 자유로울 수 없었다. 그녀는 '모든 사람의 마음에 들어야 한다는 욕심 때문에 업무를 추진할 때 주저하는 경향이 있다'고 저커버그에게 지적받은 바 있다. 이제 그녀는 공격에 감정적으로 반응하고 분노나 슬픔을 느낀다. 그러고 나서 재빨리 감정을 털어버리고 앞으로 나가는 것이다. 여성에 대한 편견이 완전히 사라지기 전까지 '편견에 당당해지는 것'이 답이라는 게 그녀가 내린 결론이다.

'린인(달려들어라)'을 두고 혹자는 '더 나은 세상을 위해 여성만 달려갈 필요는 없다'고 비판하기도 한다. 그러나 샌드버그는 말한다. "우리는 이러한 종류의 대화를 더 이상 피할 수 없다. 꿈을 꾸라고 여성을 격려하고 직장과 가정에서 여성을 지지하라고 남성을 부추겨야 한다"고 말이다.

빠르게 실행하되, 속도보다 중요한 무언가를 고민하라

"화학반응이 일어난다. 그로 인해 샘플에서 신호가 발생하고 그 결과를 실험실 전문가들이 검증한다."

2년 전, 전 세계를 떠들썩하게 했던 '테라노스 사태'는 최고경영자의 인터뷰 한 줄로부터 시작됐다. 테라노스는 당시 33세였던 젊은 여성 창업자인 엘리자베스 홈즈Elizabeth Holmes가 설립한 미국의 헬스케어 기업이다. 당시 홈즈는 몇 방울의 혈액으로 15분 만에 240가지의 질병을 검사할 수 있는 진단 키트 '에디슨Edison'을 개발해 '실리콘밸리의 신화'라 불리고 있었다. 그러니 "사실이라기엔 너무도 대단한" 발명품의 원리를 주먹구구식으로 설명하는 그녀의 인터뷰는 《월스트리트저널Wall Street Journal》의 심층취재전문가 존 카리유John Carreyrou의 의심을 사기에 충분했다. 이후 《월스트리트저널》은 테라노스의 주

'과학 천재' 에서 '글로벌 사기꾼'으로 전락한 엘리자베스 홈즈

장이 거짓이며 에디슨 기술에 결함이 많다는 기사를 내보냈고 '테라노스 신화'는 신기루처럼 사라졌다.

한때 기업가치가 90억 달러(당시 환율 약 10조 4,000억 원)에 달했던 '유니콘(추정 기업평가액 10억 달러 이상의 스타트업)' 테라노스는 어쩌다 바닥으로 곤두박질쳤을까. '세계에서 가장 어린 자수성가형 여성 억만장자' 목록에 이름을 올렸던 '과학 천재' 홈즈가 '글로벌 사기꾼'으로 전락한 이유는 무엇일까. 타인의 성공담에서 동기를 부여 받듯 실패담에도 반면교사의 가르침은 있는 법이다. 그녀의 실패가 창업가들에게 남긴 교훈 세 가지를 정리했다.

투명하지 않은 PR은 역효과를 낳는다

2003년 설립된 테라노스가 세상의 주목을 받은 건 지난 2013년이다. 많은 시간과 돈을 들여야 하는 기존 혈액검사 체계의 발전이 수십 년째 답보상태에 있었기 때문에 사람들은 테라노스의 혁신적인 아이템에 열광했다. 게다가 이 매력적인 회사의 CEO는 서른 살이 채 되지 않은 미모의 금발 여성. 엘리자베스 홈즈는 대통령 장학금을 받으며 스탠포드대학에 '조기입학'한 수재였고, 테라노스는 그녀가 열아홉 살에 학교를 중퇴하고 설립한 기업이었다. 홈즈와 테라노스는 '성공신화'를 써내려갈 매력적인 조건을 죄다 가지고 있었다.

언론들은 이 '기막힌 스토리'를 지닌 여성 창업가를 취재하기 위해 줄을 섰다. 홈즈 역시 언론 홍보를 통해 자신을 알리는 데 힘을 쏟았다. 언론이 그녀에게 인터뷰를 요청하면 테라노스 홍보팀은 단 두 가지 질문만 했다. 언제 그리고 어디서 인터뷰를 하면 되느냐고. 홈즈는 카메라 앞에서 항상 똑같은 검은색 터틀넥 차림으로 '바늘이 무서워' 명문대를 중퇴하고 회사를 차린 자신의 창업 이야기를 술술 털어놨다. 실리콘밸리의 테크 언론들은 그녀를 '차세대 스티브 잡스'라 칭했고 테라노스의 주가는 하늘 높은 줄 모르고 치솟기 시작했다. 홈즈는 사람들이 어떤 이야기를 좋아하는지 잘 알고 있는 타고난 '스타 CEO'였던 것이다.

홈즈가 가진 미디어 파급력이 테라노스의 몸값을 불리는 데 큰 기여를 했다는 사실을 부정하는 이는 없다. 홈즈와 언론들이 만들어 낸

2014년 《포브스》 '최연소 자수성가 여성 억만장자'로 선정된 엘리자베스 홈즈

'과학 신동' 프레임은 투자자들에게 믿음을 주기 충분했고 테라노스는 총 6억 8,630만 달러(약 7,600억 원)의 투자를 유치하는 데 성공했다. 언론 홍보와 스타 CEO의 파워가 증명된 순간이었다.

문제는 회사 내부의 상황이 세간에 알려진 것과 많이 달랐다는 점이었다. 2015년 10월 《월스트리트저널》은 퇴사한 직원들을 취재해 "'에디슨'으로는 15가지의 질병밖에 분석하지 못하며 나머지 검사는 타사 기기를 이용했다"고 보도했다. 또한 에디슨 분석 결과의 정확성에 대해서도 의문을 제기하며 부정확했던 테스트 결과 사례를 제시했다. 테라노스는 이 보도에 즉각 반발했지만 '회사 기밀'이라는 이유로 어떤 해명 자료도 내놓지 않았다. 홈즈가 '언론 플레이'로 아슬아슬하게 쌓아놓은 '카드 집'이 무너지기 시작한 것이다.

"홈즈는 자신의 과장된 홍보 내용을 실제로 믿기 시작했거나 '괜찮아, 어차피 우리는 언젠가 그 일을 해낼 테니까. 단지 약간의 시간과

'작은 한 방울이 모든 것을 바꾼다'고 홍보했던 테라노스

비밀유지가 더 필요할 뿐이야'라고 생각했을 것이다." 뉴욕 PR 전문 기업 크렌쇼커뮤니케이션즈Crenshaw Communications의 창립자 도로시 크렌쇼Dorothy Crenshaw는 테라노스 사태에 대해 이렇게 분석했다. "이 전략은 사업적 측면에서든 소통 측면에서든 전혀 바람직하지 않았다."

엄청난 기업가치에도 불구하고 한순간에 무너진 테라노스의 상황은 투명하지 않은 PR 행위가 어떤 역효과를 가져오는지 극명하게 보여준다. 만약 테라노스가 기술개발 상황을 투명하게 공개했더라면 파트너사가 줄행랑을 치고 투자자들에게 줄소송을 당하는 굴욕은 없었을 것이다. 과거와 같은 영광을 누리지는 못했을지언정 지금처럼 소비자에게 완전히 외면당한 '송장 기업'이 될 일도 없었을 거란 얘기다.

'비전'에 매몰되지 마라

《월스트리트저널》의 보도 이후 테라노스는 어떤 결론을 맞았을까. CMS(미국의 공공의료보험 운영·관리 기구)는 2년간 에디슨으로 진단한 검사결과를 무효화하라고 통보하고 테라노스에 거액의 벌금을 부과했다. 테라노스를 띄우는 데 큰 공을 세웠던 파트너사 '월그린Walgreens'도 제휴를 철회했다. 홈즈는 2년간 실험실을 운영할 자격을 잃었다. 그녀의 자산가치를 5조 원으로 책정했던 《포브스Forbes》는 사과문과 함께 금액을 '0'으로 재조정했다.

모두 홈즈가 테라노스를 포기할 것이라고 예상했다. 하지만 테라노스는 아직도 문을 닫지 않았으며 그녀는 여전히 CEO 자리에 앉아 있다. 2016년 8월 홈즈는 미국임상화학학회AACC에 모습을 드러내 지카 바이러스를 진단하는 새로운 혈액 분석기 '미니랩miniLab'을 공개했다. 혈액 분석 기술을 포기하지 않고 소형 검사 장비를 제3국에 판매하는 새로운 비즈니스 모델을 세운 것이다. 또한 홈즈의 주식 지분을 일부 양도하는 조건으로 더 이상 소송을 제기하지 말라는 제안을 대부분의 투자자가 받아들였다는 보도자료를 냈다.

그렇다. 그녀는 재기불능해 보이는 악재에도 회사를 포기하지 않았다. 대학을 중퇴하고 10년을 연구에만 매달릴 정도로 홈즈는 혈액 분석 분야를 혁신하겠다는 강한 '비전'을 갖고 있었다. 목표를 실현시키겠다는 의지가 어찌나 강력했던지 그녀는 회사 내부에서 일어나는 다른 모든 문제들에 눈을 감아버릴 정도였다.

테라노스 사태를 집중 취재했던 글로벌 잡지 《베니티페어Vanity Fair》의 닉 빌튼Nick Bilton은 취재후기에 "홈즈는 자신이 잘못된 길을 가고 있다는 사실을 부정했지만 수많은 전직 직원들과 컨설턴트들은 '회사가 잘못되고 있다'고 판단하고 있었다"고 썼다. 그녀가 완성되지 않은 '에디슨' 기술의 환상에 빠져 있던 몇 년 동안 테라노스는 적절한 회계, 커뮤니케이션, 법무 체계 없이 마구잡이식으로 운영되고 있었다는 것이다. 기술에 대한 관리감독 부재는 말할 것도 없다.

창업가에게 '비전'은 회사의 장기적인 목표를 정하고 동기를 부여하는 데 필수 요소다. 그러나 미래의 목표에 경도돼 현재를 보지 못한다면 망원경을 눈에 대고 달리기를 하는 것과 다름없다. 당장 눈앞의

장애물을 보지 못하고 넘어져 경쟁에서 도태되면 미래 비전이 다 무슨 소용인가.

급하게 먹는 밥은 체한다

회사 내부적으로 '기술이 완벽하지 않다'는 공감대가 형성되고 있었음에도 불구하고 홈즈가 대대적으로 에디슨을 홍보하기 급급했던 이유는 또 있다. 전문가들은 "홈즈가 속도를 중시하는 실리콘밸리 특유의 기업문화에 영향을 받았을 것"이라고 설명한다. 실리콘밸리의 테크 스타트업들이 초기 기술만으로 제품을 내놓고 시장의 반응을 살핀 후 결함을 개선하며 빠르게 시장을 선점하는 방식으로 성공을 이뤄왔기 때문에 테라노스 역시 비슷한 접근을 했다는 것이다.

테라노스의 진실을 가장 먼저 세상에 알렸던 《월스트리트저널》의 카리유 기자는 실리콘밸리에 대해 이런 말을 남겼다. "그들은 '스마트폰 애플리케이션이라면 제품에 문제가 있어도 사람이 죽지는 않는다'고 생각한다. 그러나 의학 분야라면, 이야기가 다르다."

테크 스타트업에게 속도는 매우 중요한 이슈다. 그러나 카리유의 말처럼 헬스케어 분야에는 속도보다 더 중요한 것이 존재한다. 소비자의 건강과 직결된 분야이기 때문에 '신뢰도'와 '정확성'을 담보하지 않은 기술은 시장에서 살아남을 수 없다. 시중의 10분의 1 가격으로 쉽고 빠르게 혈액검사를 받을 수 있다고 한들 진단 결과를 신뢰할 수 없다면 테라노스에 자신의 피를 내줄 환자는 없을 것이다.

성공에 갈급한 창업자들이여. '빠르게 실행하고 규칙을 깨라Move fast and break things'는 마크 저커버그의 명언은 잠시 접어두고 자신이 몸담고 있는 사업분야에 속도보다 중요한 무언가가 있는지 고민하라. 급하게 먹은 밥이 체하면 아주 오랫동안 회복하기 어렵다.

여성들이여, 'No'에 익숙해져라 그리고 당신의 배짱을 믿어라

"우리가 두려워해야 할 유일한 것은 두려움 그 자체다."

프랭클린 루스벨트Franklin Roosevelt의 명언이다. 인간이라면 누구나 가지고 있는 감정 '두려움'. 그중에서도 가장 강력한 두려움은 '미지未知'에 대한 공포다. 진화생물학에서는 모르는 것을 회피하는 행동 기제가 생존에 유리하다고 분석한다. 두려움이 없었다면 우리의 머나먼 조상들은 호랑이나 매머드에게 겁 없이 다가가 근사한 저녁밥이 됐을 테니 말이다.

그러나 맹수와 마주칠 일이 거의 없는 현대인에게 두려움은 때로 진화를 가로막는 장애물이 되기도 한다. '모르는 것'에 대한 두려움 탓에 행동을 멈추는 일은 곧 '도전을 포기하는 것'과 같기 때문이다. 새로운 시도를 끊임없이 필요로 하는 창업시장에서 '두려움'을 극복하는 것이 성패를 가르는 중요한 요소인 이유기도 하다.

《포브스》가 선정한 '미국에서 가장 부유한 자수성가 여성' 16위를 차지한 사라 블레이클리

여기 '미지의 영역'에 대한 두려움을 떨쳐내고 두둑한 배짱만으로 세계적인 성공을 이뤄낸 여성 최고경영자가 있다. 세계 1위 보정속옷 브랜드 '스팽스Spanx'의 창업자 사라 블레이클리Sara Blakely가 그 주인공이다. 금수저 물고 태어난 상속자도, 천재도 아닌 평범한 외판원이었던 그녀는 순자산 11억 달러(약 1조 2,400억 원)로 '가장 어린 자수성가형 여성 억만장자' 반열에 올랐다. 단돈 5,000달러로 시작한 스팽스를 연매출 4억 달러(약 4,500억 원)의 글로벌 기업으로 키워낸 블레이클리가 도전에 대한 두려움을 이겨낼 수 있었던 비결은 뭘까.

당신의 '배짱'을 믿어라

1998년, 스물일곱 살의 블레이클리는 로스쿨 입학시험에 두 번 낙

방한 후 외판원 일을 하고 있었다. 그녀는 사무실마다 문을 두드려 팩스기를 판매하는 일에 꽤나 소질이 있었다. 회사에서 블레이클리를 전국 영업 트레이너로 승진시켰을 정도였다. 다만 유일한 문제는 그녀가 그 일에 전혀 흥미가 없었다는 점이었다.

"어느 날 아침에 눈을 떴는데 '이런 건 내 인생이 아니다'라는 생각이 들었어요. 그래서 종이에 내가 잘했던 것들을 써내려가기 시작했죠. 그중 하나가 '판매'였어요. 그때부터 '수많은 사람들을 기쁘게 해줄 수 있는 제품을 만들어 팔고 싶다'는 꿈을 꾸게 됐죠."

마침 그 시기에 블레이클리에게는 사놓고 방구석에만 모셔 뒀던 크림색 바지가 한 벌 있었다. 파티가 있던 밤, 새 바지를 '개시'하겠다 마

팩스기 회사에서 7년간 외판원 일을 하던 시절의 블레이클리

스팽스 창업자 사라 블레이클리의 성공 타임라인

팩스기 외판원 생활
로스쿨 시험에 두 번 떨어진 후
외판원 일을 시작하다

끊임없는 거절 경험으로 'no'에 익숙해지기 위한 하드 트레이닝

1998

사라의 '아하! 모먼트'
매끈한 몸매로 크림색 바지를 입기 위해
팬티스타킹의 발 부분을 자르다

당신의 배짱을 믿어라!

'서프라이즈' 아이디어 공개
창업 아이디어를 얻은 후 최소 1년은
주변 사람들에게 조언을 구하지 말라

2000

첫 제품 생산
수만 번의 'no' 끝에 세계 최초로
발 없는 체형 보정 스타킹이 탄생하다

〈오프라윈프리쇼〉 제품 출연
오프라 윈프리의
'올해 가장 좋았던 물건'으로 선정,
쇼 출연 후 1,000만 달러 매출 달성!

2012

조명, 카메라, 커버걸!
'최연소 자수성가 여성 억만장자'로
《포브스》 표지를 장식하다

2016

Most Powerful Women
'세계에서 가장 영향력 있는 여성
TOP 100' 리스트에 오르다

음먹은 그녀는 엉덩이 살이 튀어나와 울퉁불퉁한 자신의 뒷모습과 마주했다. 블레이클리는 체형 보정을 위해 어쩔 수 없이 바지 안에 팬티스타킹을 신었는데 스타킹이 바지와 맞춰 산 오픈토 슈즈(발가락이 보이는 신발)와 어울리지 않았다. 그녀는 스타킹의 발 부분을 가위로 잘라내기로 결심했고 밤새도록 다리 위로 말려 올라가는 스타킹과 씨름해야 했다. 블레이클리는 그날 여성들이 매끈한 몸매를 위해서라면 새로운 유형의 속옷에 기꺼이 돈을 쓸 것이라는 사실을 직감했다.

'발 없는 체형보정 스타킹'으로 창업을 해야겠다고 결심한 블레이클리는 도전에 대한 두려움을 없애기 위해 '최소 1년간 아이디어를 다른 사람들에게 말하지 않기'로 했다.

"가족이나 친구들에게 조언을 구하면 안 되겠다는 생각이 문득 들더라고요. 대신 혼자 공부하고 고민하며 계획을 구체화해 나갔죠. 제 결심을 모두에게 알리겠다고 마음먹은 건 창업 준비를 시작하고 1년이 지난 후였어요. 그때의 조언들을 만약 제가 처음 아이디어를 얻은 날 들었다면 사업을 포기하고 지금도 팩스기를 팔고 있었을 거예요."

그녀가 기억하는 주위 사람들의 반응은 이런 식이었다. "그게 그렇게 좋은 아이디어면 왜 아직까지 아무도 시도를 안했겠어?" 누군가는 이렇게 경고하기도 했다. "아이디어는 좋은데 6개월 뒤면 대기업들이 다 털어갈걸. 그러면 넌 끝장나는 거야."

물론 블레이클리의 방법에는 아이디어에 대한 객관적인 판단을 어렵게 만드는 '자기확신의 함정'이 존재한다. 그러나 그녀는 "새로운 뭔가를 시도하거나 창조하려는 사람들은 자기 의심을 가지고 많은 내적

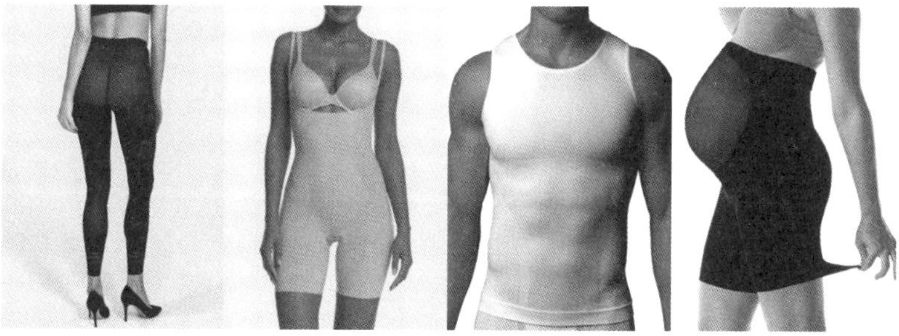

블레이클리의 아이디어로 탄생한 스팽스 제품들

대화를 하게 마련"이라고 말한다. 그녀 역시 때때로 '이게 정말 미친 듯이 좋은 아이디어일까? 내가 지금 대체 뭘 하고 있는 거지?'라는 회의감이 들 때가 많았다. 블레이클리는 "그러나 이미 투자한 시간과 돈이 있었기 때문에 결심을 되돌리지 않을 수 있었다"고 덧붙였다.

"당신의 배짱을 믿으세요. 주변 사람들과 내면의 여러 의견에 겁을 먹거나 두려워하지 마세요. '배짱을 믿는다'는 건 사람들이 그동안 해왔던 일들과는 다른 시도를 해볼 수 있다는 것을 의미하니까요."

'No'에 익숙해져라

자신의 배짱을 믿고 집 한 편에 '스팽스 본사'를 마련한 블레이클리는 낮에는 외판원으로 일하고 밤에는 창업가로 사업을 준비하는 이중생활을 시작했다. 팩스기를 파는 것 외에는 제조·유통 분야에 대한 지식이 전무했기 때문에 그녀는 모든 여가시간을 시장 조사와 제품 성분을 연구하는 데 쏟아부었다.

블레이클리가 집 한 편에 쌓아놓은 스팽스의 첫 제품 상자들

마침내 '발 없는 체형보정 스타킹'의 시제품이 완성되자 블레이클리는 꿈을 현실로 만들어 줄 양말 공장을 찾으러 노스캐롤라이나로 떠났다. 그러나 배짱 두둑했던 그녀가 한 가지 간과했던 것이 있었다. 당시 제조공장의 주인은 죄다 남성이라는 사실. 모든 제품의 테스트는 피부와 지방을 가진 살아 숨쉬는 여성이 아닌 마네킹으로 이뤄졌고 블레이클리의 새로운 아이디어를 이해할 수 있는 제조업자는 아무도 없었다. 당연히 발 없는 스타킹을 만들어주겠다고 나서는 이 역시 존재하지 않았다.

"그들은 제가 미쳤다고 생각했어요. 그런데 사실 새로운 시도를 한다는 건 수없이 거절당한다는 의미죠. 결정적인 도움이 됐던 건 외판원 경험이었습니다. 무작정 문을 두드려 팩스기를 판매하며 'No'에 익숙해진 덕분에 제조공장에서 수없이 거절당해도 단념하지 않을 수 있

〈오프라윈프리쇼〉 출연 이후 스팽스를 착용하고 공식석상에 나온 할리우드 스타들

었어요. 'yes'에 도달하기 위해서는 반드시 채워야 하는 'no'의 횟수가 존재한다는 공식을 그때 배웠던 거죠. 그러니 거절이 당신의 의지를 꺾지 못하게 만드세요."

거절에 좌절하지 않고 수많은 공장 문을 거침없이 두드렸던 덕분일까. 얼마 후 기적적으로 한 제조업자에게서 스타킹을 만들어 주겠다는 연락이 왔다. 이유는 단 하나였다. 그는 딸 셋을 둔 아버지였는데 블레이클리의 아이디어를 전해 들은 딸들이 '그녀에게 반드시 기회를 줘야 한다'고 아버지를 설득했기 때문이었다.

그렇게 수만 번의 'no' 끝에 스팽스의 첫 오리지널 체형보정 팬티스타킹 3,000장이 세상에 나왔다. 블레이클리는 그중 하나를 방송에서 '스타킹의 발목을 잘라 바지 안에 신는다'고 언급한 오프라 윈프리에게 보냈다. 윈프리는 자신의 쇼에서 '올해 가장 좋았던 물건' 가운데 하나로 스팽스 속옷을 꼽았고 단 하루 만에 2만 건의 주문을 이끌어냈다. 이후 스팽스가 얼마나 빠른 기세로 승승장구 했는지는 더 말할 것도 없다.

"시도를 두려워 말고 뭐든 저지르세요. 첫 제품이 탄생하기까지 2년이라는 시간 동안 '실현 불가능할 것'이라는 말을 수없이 들었습니다. 하지만 결국 '발 없는 스타킹'은 수천억 달러짜리 아이디어가 됐죠. 실패란 성공하지 않는 것이 아니라 아무 것도 시도하지 않는 것입니다."

이 대구 출신 여성은 어떻게 미국에서 3,000억 원대 자산가가 됐을까

"아메리칸 드림은 죽었다The American Dream is dead."

도널드 트럼프Donald Trump 미국 대통령이 후보 당시 선거 유세에서 '더 크고 강한 아메리칸 드림을 만들겠다'며 던진 말이다. 트럼프의 '아메리칸 드림'은 이민자들이 품는 그것과는 다른, 그야말로 '미국인의 꿈'을 의미한다. 그러나 어느 쪽이 됐든 그 꿈을 실현하기 어려운 세상이 왔다는 사실만큼은 다름이 없을 테다. '기회의 땅' 미국마저도 경제 성장 속도는 갈수록 둔화되고 '있는 자'와 '없는 자'를 가르는 벽은 날로 두터워지고 있어서다.

그런데 여기 "아메리칸 드림은 깨지지 않았다"고 말하는 한인 출신 창업가가 있다. 대구에서 태어나 열세 살에 미국으로 건너간 이민 1.5세 토니 고Toni Ko 퍼버스Perverse 대표가 그 주인공이다. 그녀는 첫 번째로 창업했던 화장품 제조사 '닉스코스메틱스NYX Cosmetics'를

닉스코스메틱스·퍼버스 창업자 토니 고 대표

2014년 로레알L'Oreal에 5억 달러(한화 약 5,627억 원)를 받고 매각하면서 '미국에서 자수성가한 가장 부유한 여성' 목록에 이름을 올렸다. 영어 한 마디도 할 줄 몰랐던 '이민자의 딸'은 어떻게 수천억대의 자산가가 될 수 있었을까.

립스틱을 사기 위해 점심을 굶어선 안 된다

"우리 미국으로 이민 갈 거야!"

고 대표가 열세 살이 되던 해, 그녀의 부모님은 어느 날 갑자기 이민을 선언했다. 다른 모든 이민자가 그렇듯 더 나은 삶과 미래를 위해서였다. 그렇게 고 대표의 가족은 로스앤젤레스로 가는 비행기에 몸을 실었고, 그녀의 어머니는 미국에서 향수와 화장품을 취급하는 작은 소매점을 열었다. 열네 살이 되면서 고 대표는 학교 가는 시간을 제외한 모든 일상을 어머니의 일을 돕는 데 쏟아부어야 했다. 어렸을 때부터 그녀에게 화장품은 삶 그 자체였다.

"고등학교를 졸업하고 집 근처에 있는 대학에 진학했지만 전 학교를 싫어했어요. 어떻게든 빠져나갈 궁리만 하고 있었죠. 그러다 사업 아이디어를 떠올린 거예요. 늘 화장품을 끼고 살다보니 화장하는 걸 정말 좋아했거든요. 언젠가 '샤넬Chanel'이나 '맥MAC' 같은 명품 화장품을 구경하러 백화점에 간 적이 있었는데 제가 사기엔 너무 비싸더라고요. 그래서 드러그스토어drugstore(화장품, 일반의약품 등을 판매하는 잡화점)에서 질이 좋지 않은 싸구려 화장품을 살 수밖에 없었죠. 가격이

닉스코스메틱스 창업자 토니 고 대표 일문일답

꿈을 이루는 데 영감을 준 사람은?

어머니. 인생과 사업에 대한 모든 것을 가르쳐 주셨다. 늘 '열심히 일하고, 욕심부리지 말고 항상 정직하라'고 말씀하셨다.

로레알에 회사를 매각할 수 있었던 비결은?

첫째도 품질, 둘째도 품질, 셋째도 품질이다.

지금까지 받은 조언 중 최고는?

목표를 정하고 그것에만 집중하라. 다른 모든 것은 소음일 뿐이다.

사업에서 가장 결정적인 순간은 언제였나?

WWD's Beauty Inc에서 닉스가 '올해의 브랜드'로 선정됐을 때, 살면서 그런 희열을 느껴본 적이 없다.

당신의 강점 세 가지를 꼽는다면?

창의적인 사고와 끈질김, 그리고 정직함.

창업자들에게 리더십 조언을 해준다면?

타본 것 중 가장 거친 롤러코스터에 100을 곱해보라. 기업을 운영하는 건 그와 같다. 세상이 무너져 내리는 것 같은 기분을 수없이 느낄 것이다. 그러나 일희일비하지 말고 다음 날 일어나 같은 일을 반복하고 또 반복해야 한다.

가장 큰 도전은 무엇이었으며 어떻게 극복했나?

나는 원래 'YES WOMAN'이었다. 'NO'라고 할 수 있을 때까지 스스로 연습하고 가르쳤다.

저렴하면서도 명품 브랜드처럼 질이 좋은 화장품을 만들고 싶다는 생각을 그때 하게 됐어요.”

비싼 립스틱을 사기 위해 점심을 굶어야 했던 경험을 떠올린 고 대표는 ‘저렴하고 품질 좋은’ 화장품 시장을 개척하기 위해 스물다섯 살 되던 해 어머니의 가게를 떠났다. 그녀의 어머니는 “어릴 때 하는 실패는 경험으로 남으니 두려워하지 말고 하고 싶은 걸 하라”며 25만 달러의 사업자금을 선뜻 빌려줬다. 그렇게 LA 다운타운의 16평 남짓한 사무실에서 1.99달러짜리 펜슬 아이라이너와 립라이너를 판매하는 ‘닉스코스메틱스’가 탄생했다.

‘팬’을 만들어라

2달러도 안 되는 저렴한 화장품을 만들어 판매하기 시작하면서 닉스코스메틱스는 빠른 속도로 성장했다. 고 대표는 사업 성공의 열쇠

판매가격이 25달러 이하인 닉스의 베스트셀러 화장품들

로 '팬덤을 만들고 이들의 신뢰를 얻는 것'을 꼽았다. 그러기 위해 가장 먼저 담보해야 할 것은 상품의 질Quality이다. 그녀는 "소비자에게 약속한 품질을 고수하고 계속해서 발전시켜 나가다보면 당신의 브랜드만 찾는 팬덤이 형성될 것"이라고 강조한다.

창업 초기엔 출고된 제품 전체를 갖다 버리기도 했다. 스스로 정한 기준보다 품질이 좋지 않았기 때문이다. 이미 만들어진 상품들을 컨테이너째로 버리는 건 생각보다 어려운 결정이었다. 제품 생산에 들인 돈을 모두 잃었을 뿐 아니라 컨테이너를 버리는 데도 상당한 비용이 들었다. 하지만 그녀는 그것이 닉스의 팬들과 한 약속을 지키는 방식이었다고 말한다.

'믿을 만한 품질의 저렴한 화장품' 콘셉트를 고수하며 꾸준히 닉스코스메틱스의 '팬'을 늘려나간 고 대표. 창업 첫 해에만 혼자 힘으로 200만 달러(약 22억 5,000만 원)의 매출을 달성했고, 이듬해 미국 대형 화장품 멀티숍 '얼타ULTA'에 입점하며 사세를 키워 나갔다.

"어릴 때부터 할아버지가 항상 '입소문의 힘'에 대해 말씀해주셨어요. 제품이 좋고 가격이 합리적이라면 사람들은 자연스럽게 제품에 대해 말하게 될 거고 산불처럼 퍼지게 된다고요. 그건 사실이었어요. 저희가 크게 도약하게 된 계기가 바로 입소문이었거든요."

'그 사건'은 갑자기 찾아왔다. 창업 후 10년이 지난 2008년의 어느 날, 판매 실적이 좋지 않아 생산을 중단하기로 결정했던 흰색 아이섀도 펜슬의 판매량이 급증한 것이다. 알고 보니 당시 선풍적인 인기를 끌고 있던 유튜브YouTube의 뷰티스타가 메이크업 튜토리얼 영상에서 해당 제품을 사용한 것이 이유였다. 그때부터 고 대표는 유튜브에서 메이크업 방송을 하는 모든 사람들에게 닉스코스메틱스의 화장품을 보내기 시작했고, 닉스 화장품이 대중적인 인기를 얻을 수 있었던 계기가 됐다.

아메리칸 드림은 깨지지 않았다

2014년 마침내 고 대표는 엄청난 금액의 수표를 손에 쥐고 사무실을 나섰다. 세계적인 화장품 회사 로레알에 5억 달러를 받고 닉스 코스메틱스를 매각한 것이다. 이로써 2억 7,000만 달러(약 3,000억 원)의 자산을 보유하게 된 그녀는 2016년 《포브스》에서 선정한 '미국에서 자수성가한 가장 부유한 여성' 57위에 이름을 올렸다.

14살부터 뷰티업계에 뛰어들어 치열하게 살아온 고 대표. 해변에서 칵테일을 마시며 남은 인생을 즐겨도 될 만큼 성공했지만 그녀

《포브스》의 '미국에서 자수성가한 가장 부유한 여성' 커버를 장식한 토니 고 대표

의 도전은 여전히 진행 중이다. 고 대표는 2016년 닉스코스메틱스의 콘셉트처럼 저렴하면서 품질 좋은 선글라스 브랜드 '퍼버스'를 론칭했다.

"아버지가 알려주신 한국 속담이 있어요. '호랑이는 죽어서 가죽을 남기고 사람은 죽어서 이름을 남긴다.' 제 목표는 그 정도로 거창하진 않지만 은퇴하기 전까지 세 개의 회사를 파는 거예요. 지금은 두 번째를 위해 달려가고 있는 중이고요. 저는 '아메리칸 드림은 아직 깨지지 않았다'고 감히 말할 수 있는 사람이에요. 제가 바로 그 증거니까요."

3,500억짜리 기업 이끌던 그녀의 '흥망성쇠'가 주는 교훈

'창업가'로 살아가는 일은 흔히 롤러코스터에 비유된다. 사업 상황에 따라 하루에도 수십 차례 희비의 극과 극을 경험한다. 엄청난 부를 일궈냈다가도 한순간에 빚더미에 올라앉는다. 이들의 인생에는 영원한 성공도 영원한 실패도 없다. 성공 신화를 이뤘다며 칭송받던 이들이 한순간에 실패의 나락으로 떨어지고, 밑바닥을 전전하던 이들이 성공의 정점을 찍는다. 그게 창업가의 삶이고 숙명이다.

2008년 미국 온라인 쇼핑몰 업계에 홀연히 등장한 인물 소피아 아모루소Sophia Amoruso는 이러한 극단적인 인생 롤러코스터에 탑승한

여성들에게 성공의 영감을 주는 미디어 걸보스의 소피아 아모루소

「소피아 아모루소
Sophia Amoruso

- 고등학교 중퇴자, 절도범, 히치하이커
- 최고 연매출 1,000억 원대 의류 쇼핑몰 '내스티갤' 창업자
- 실패를 딛고 여성 미디어 '걸보스' 재창업

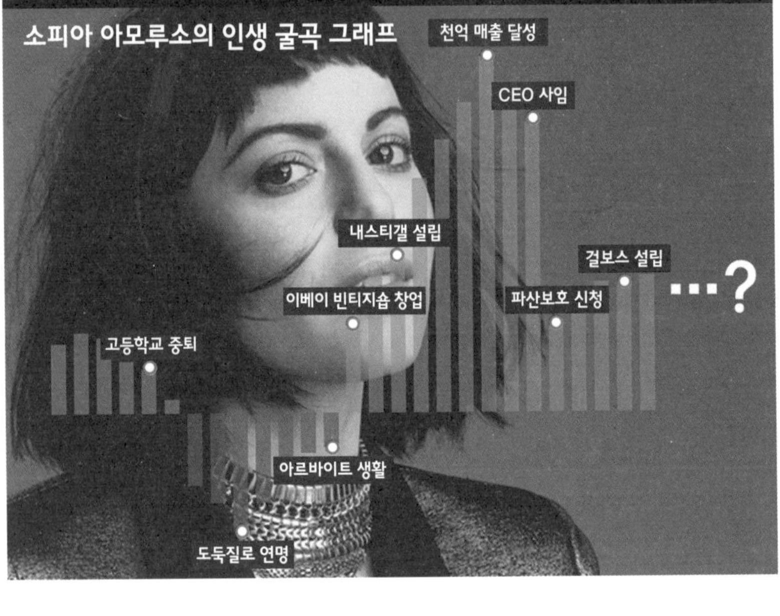

창업가 가운데 한 명이다. 고등학교를 중퇴하고 좀도둑질로 연명하다 연매출 1,000억의 원의 온라인 쇼핑몰 '내스티 갤**Nasty Gal**'의 오너가 됐으며, 파산 보호 신청을 한 실패한 사업가의 삶을 살기도 했다. 아모루소는 지금 또 다른 사업을 위해 다시 CEO 자리에 올라 있다. 온라인 스트리밍 미디어 넷플릭스**Netflix**에서 드라마로 제작되기도 했던, 드라마보다 더 드라마틱한 그녀의 인생에서 우리는 무엇을 배울 수 있을까.

쓰레기통 뒤지며 살던 소녀, 자산 2억 8,000만 달러 '신화'의 주인공 되다

'고등학교 중퇴자', '프리건족(음식물 쓰레기로 연명하는 아나키스트)', '절도범', '히치하이커', '나태한 직원'.

소피아 아모루소가 창업전선에 뛰어들기 전 그녀의 삶을 스스로 정의한 단어들이다. 우울증과 주의력 결핍증으로 고등학교를 그만 두고 음악하는 남자아이들과 동거하며 도둑질로 삶을 연명하던, 그야말로 '막사는 인생'이었다. 성인이 된 후에도 그녀의 삶에는 달라진 것이 없었다. 책을 훔쳐 내다 팔았고 아르바이트를 전전하며 생계를 유지했다.

그저 하루하루를 살아내는 게 전부였던 아모루소의 인생을 바꾼 건 당시 유행하기 시작한 온라인 경매·쇼핑 사이트 '이베이**eBay**'였다. 많은 사람들이 본인의 빈티지 소장품들을 판매하는 모습을 보고 그녀 역시 빈티지 의류를 팔아야겠다 결심하게 된 것이다. 그녀는 어디에 가면 좋은 빈티지 옷을 싸게 구할 수 있는지 잘 알고 있었다. 쓰레기와

내스티갤 CEO 당시 소피아 아모루소

재활용품 더미를 뒤지며 최소 생활비로 살아온 삶이 그녀에게 남긴 유일한 자산이었다.

빈티지 의류 전문숍을 열었다. 그녀는 타고난 패션 센스를 갖고 있었고 여기에 굴곡진 삶의 경험들이 더해져 아모루소만의 독특한 스타일이 완성됐다. 미국 소녀들은 저렴하면서 트렌디한 그녀의 '내스티Nasty(못된, 사악한)' 룩에 열광했다. 창업 첫 해에만 7만 달러(한화 약 8,000만 원)의 수익을 올린 그녀는 2008년 이베이를 떠나 독립 쇼핑몰 '내스티갤'을 차렸다. 내스티갤은 독립 3년 만에 연매출 2,400만 달러(약 270억 원)를 달성했으며 2014년엔 연매출 8,500만 달러(약 960억 원), 직원 350명의 중견기업이 됐다.

그녀는 2014년 발간한 자서전『#걸보스Girlboss』에서 자신의 성공 비결을 이렇게 설명했다. "성공은 고등학교 때의 인기나 어떤 대학을 갔는지에 따라 결정되는 게 아니라, 자신의 본능에 대한 신뢰와 자신감으로 결정된다. 나는 내스티갤 빈티지를 하면서 드디어 나라는 사람이 무엇을 잘하고 무엇을 계속해야 하는지 알게 됐다. 사업에서 내가 상상했던 것보다 훨씬 큰 잠재력을 발견했고 더 큰 세계로 나가야 했다."

'자신의 강점을 파악하고 활용하라'는 신념대로 아모루소는 그녀의 독특한 정체성을 사업에 잘 활용하는 CEO 중 한 명이었다. 유일무이한 그녀의 스타일과 롤러코스터 성공 스토리는 소비자뿐 아니라 언론과 투자자의 매력을 끌기 충분했다. 실리콘밸리 언론은 그녀를 '테크 신데렐라'라고 치켜세웠으며 투자자들은 거금의 투자계약서에 사인을 했다. 내스티갤의 기업가치는 3억 달러(약 3,400억 원)까지 치솟았다. 아울러 아모루소의 자산가치 역시 2억 8,000만 달러(약 3,100억 원)를 기록했다.

준비되지 않은 성공, 세상은 이를 '실패'라 정의한다

2016년 11월, 승승장구하던 내스티갤이 돌연 파산보호를 신청했다. 2012년부터 2015년 초까지 6,500만 달러(약 735억 원)의 투자를 받았고 2015년 기준 7,700만 달러(약 870억 원)의 높은 연매출을 달성했음에도 불구하고 늘어나는 부채를 감당하지 못한 것이다. 기업의 성장세가 주춤하면서 창립자 아모루소는 최고경영자직과 이사회 의장직을 차례로 내려놔야 했다.

오프라인 매장으로 판매 창구를 확대한 내스티갤

창립 3년 만에 11,200%의 경이로운 성장률을 기록했던 내스티갤은 어쩌다 파산절차의 문턱을 밟게 됐을까. 미국 경제매거진 《INC닷컴》은 이를 두고 '밀레니얼 세대(1980년대 초부터 2000년대 후반 출생)의 리더십이 한계에 부딪혔다'고 평했다. 준비되지 않은 성공을 맞은 창립자 소피아 아모루소의 미숙한 경영 방식에 내스티갤 몰락의 책임이 있다는 얘기다.

전문가들은 "내스티갤의 급격한 성장은 천문학적인 금액의 광고·마케팅 비용으로 '모래성을 쌓아둔 것'에 불과했다"고 분석했다. 이는 많은 스타트업들이 '퀀텀점프**quantum jump**(단기간의 비약적인 성장)'를 하기 위해 주로 쓰는 전략이지만, 마케팅으로 유입된 최초 구매자들이 충성 고객으로 변해야 장기적인 효과가 있다. 마케팅으로 유입된 소비자들은 재구매를 위해 '내스티갤'을 다시 찾지 않았고, 회사가 썼던

엄청난 홍보 비용은 '밑 빠진 독에 물 붓듯' 사라졌다.

또 하나의 문제는 캘리포니아의 어린 소녀들을 겨냥한 '내스티갤' 스타일이 태생적으로 성장의 한계를 가진 아이템이라는 것이었다. 기업이 커가면서 그에 알맞은 변화를 주지 못한 탓에 내스티갤은 다양한 층의 소비자를 사로잡을 수 없었다. 내스티갤만의 특별함을 느끼지 못한 소비자들의 충성도는 갈수록 떨어졌다.

사업 방식에 문제가 노출되자 매출도 순식간에 하향 곡선을 그리기 시작했다. 거대한 사옥을 임대하고 오프라인 매장을 여는 등 덩치를 있는 대로 불려놓은 내스티갤은 결국 유동성 위기를 극복하지 못한 채 부도 직전까지 몰리게 됐다.

외신들이 분석한 또 다른 실패 원인은 '창립자의 외도'였다. 아모루소는 2014년 그녀의 창업 일대기를 담아 여성들의 도전을 격려하는 저

사인회, 강연 등 활발한 『#걸보스』 홍보활동을 벌였던 소피아 아모루소

서『#걸보스』를 출판했다.『#걸보스』가 페이스북 최고운영책임자 셰릴 샌드버그의 책『린인』을 제치며 흥행하자 아모루소는 책 홍보활동에 전념하기 시작했다. 그녀가 다른 데 정신이 팔려 있는 동안 회사는 서서히 침몰하고 있었다. 전문가들은 내스티갤은 창업자와 기업이 얼마나 긴밀하게 연결돼 있는지 가장 잘 보여주는 사례라며 "아모루소의 외도는 직원들과 투자자, 미래의 투자자들에게 잘못된 신호를 줬다"고 지적했다.

결국 내스티갤은 2017년 2월 영국의 온라인 여성의류 쇼핑몰 '부후Boohoo'에 매각됐다. 인수 금액은 한때 내스티갤 기업가치의 10분의 1에도 못 미치는 2,000만 달러(약 226억 원). 《포브스》는 아모루소를 '미국에서 가장 어린 자수성가형 억만장자' 리스트에서 삭제했다.

끝날 때까지 끝난 게 아니다…
'걸보스'로 인생 3막

내스티갤이 사라진 후 소피아 아모루소의 인생은 어떤 결론을 맞았을까. '아모루소의 운은 수명을 다했다'던 언론들의 헤드라인이 무색하게 그녀의 사업 스토리는 현재 진행형이다. 아모루소는 2017년 여성들에게 성공의 영감을 주는 미디어벤처 '걸보스Girlboss'를 재창업했다. 그녀의 새 벤처기업은 지난 8월 120만 달러(약 13억 5,000만 원)의 투자를 유치하는 데 성공하며 화려한 신고식을 마쳤다. 내스티갤의 실패 원인으로 지목됐던『#걸보스』활동이 외려 재도약의 발판이 된 셈이다.

그녀의 책 이름을 따 설립한 여성 미디어 '걸보스'의 콘텐츠들

아모루소는 외신과의 인터뷰에서 "걸보스는 의도치 않게 시작한 두 번째 브랜드지만 계획적으로 시작한 첫 사업이기도 하다"며 새로운 사업에 대한 강한 자신감을 드러냈다. 그녀는 "처음 사업을 시작했던 스물두 살에 비해 신중해졌으며 내스티갤을 통해 많은 것을 배웠다"고 덧붙였다.

33년을 치열하게 살아온 아모루소의 인생에 '성공' 또는 '실패'라는 딱지를 붙여야 한다면 우리는 어느 쪽을 택해야 할까. 답은 그녀의 책 『#걸보스』의 한 구절로 대신한다.

"성공과 실패는 점진적으로 성장하는 인생에서는 어울리지 않는 딘이로, 흑과 백으로만 이루어진 세상에서나 적용될 개념이다. 세상은 회색투성이다."

여성의 '페인포인트' 해결하는 아이디어로 주목 받은 글로벌 스타트업들

음악방송 전문 채널 엠넷의 오디션 프로그램을 통해 선발된 남자 아이돌 그룹 '워너원'은 데뷔와 동시에 가요·방송·광고 시장을 석권했다. 워너원은 전작에서 배출한 여자 그룹 '아이오아이'의 배가 넘는 경제적 가치를 창출하고 있다. 업계는 이들이 두 달간 벌어들인 돈이 200억 원을 웃돌 것으로 추산했다.

'여성' 그룹 아이오아이를 압도하는 '남성' 그룹 워너원의 성공은 '여덕(여성 열성팬)의 힘'에서 기인한다. '여덕을 잡아야 성공한다'는 말이 있을 정도로 여성은 현대 대중문화의 주요 소비 주체로 막강한 영향력을 행사하고 있다.

이처럼 강력해진 여성들의 구매력은 기업들의 의사 결정에 핵심 변수가 되고 있다. 많은 기업들이 여성의 마음을 사로잡는 마케팅에 초점을 맞추고 있고, 더 나아가 여성의 페인포인트pain point(소비자가 불편, 고통을 느끼는 지점)를 해결해 주는 사업 아이템 자체가 각광받는 시대가 됐다. 여성의 니즈(필요)를 가장 잘 아는 '여성' 창업가들이 성공을 거두는 사례가 갈수록 느는 이유다.

지난 3년간 외신들이 꼽은 '가장 인상적인 여성 기업들'은 여성의 어떤 불편을 해소해주고 있을까. '여성의, 여성에 의한, 여성을 위한' 이들의 사업 아이템을 정리해봤다.

여성의 생리적 불편을 해소하는 스타트업들

① 서스테인내추럴

얼마 전 한국에서 논란이 된 '독성 생리대'는 "위해성 없다"라는 결과가 나왔지만 민감한 신체부위에 직접 닿는 제품인 만큼 소비자들의 불안이 날로 커지고 있다. 생리대뿐 아니라 콘돔, 탐폰 등 여성의 몸에 접촉하는 제품들의 유해물질 논란은 하루 이틀 일이 아니다. 그래서 섹슈얼 헬스케어 제품에 대해 성분을 꼼꼼히 따지는 여성 소비자들이 세계적으로 늘고 있는 추세다.

미국 기업 '서스테인내추럴Sustain Natural'은 이 같은 여성을 겨냥한 친환경·무독성 섹슈얼 헬스케어 브랜드다. 인체에 유해한 독성 물질이 전혀 들어가지 않은 유기농 콘돔, 생리대, 탐폰, 윤활제 등을 판매한다. 동물 실험을 하지 않고 공정 무역 원료만 사용하며, 수익의 10%를 저소득층 여성들의 건강을 위해 기부하는 '착한 브랜드'를 표방하는 것이 특징이다.

창립자 '메이카 홀랜더Meika Hollender'는 콘돔의 40%를 '여성'이 구매

서스테인내추럴

Sustain Natural

창립자
메이카 홀랜더

사업 아이디어
친환경·무독성 섹슈얼 헬스케어 브랜드

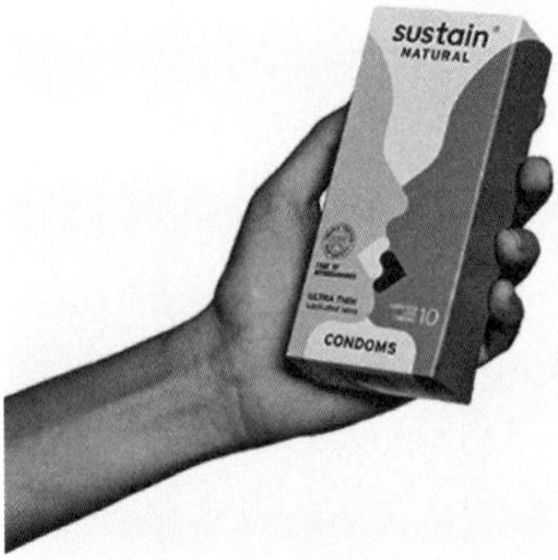

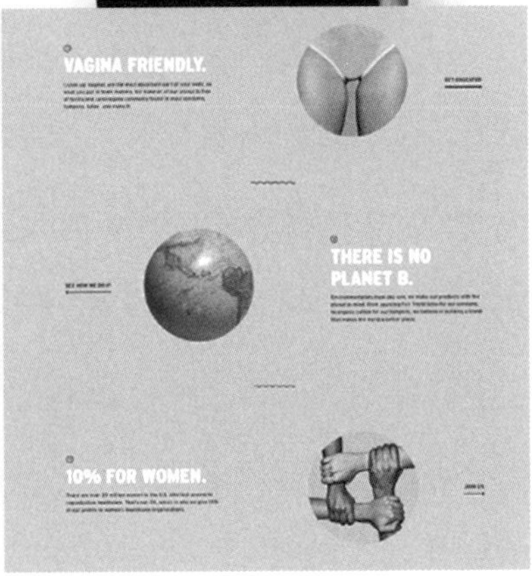

하지만 성인용품 산업은 항상 '남성' 고객만을 타깃으로 한다는 '역설적 사실'에 착안해 2014년 부모와 함께 사업을 시작했다. '서스테인내추럴'의 차별화 포인트는 철저히 여성만을 위한 제품 구성, 포장 디자인 그리고 마케팅 전략이다. 다른 어떤 제품들보다 '친여성적인' 성인용품이라는 브랜드 이미지는 여성들의 마음을 사로잡는 데 성공했다. '서스테인내추럴'은 창립 2년 만에 미국 전역의 4,000여 개 아울렛과 판매 계약을 맺었고, 250만 달러(약 28억 원) 규모의 투자를 유치했다.

② 나야헬스

여성에게 출산은 끝이 아닌 시작이다. 분만 시 망가진 몸을 회복시켜야 함과 동시에 급격한 호르몬의 변화도 감당해내야 한다. 그중 하나가 유방에 젖이 불어나는 현상인데 이를 깨끗이 짜내지 않으면 산통보다 더 아프다는 '젖몸살'을 겪는다. 그래서 모유 수유를 하든 그렇지 않든 유방에 남은 젖을 짜내는 유축기는 산모들의 필수품으로 자리 잡았다.

문제는 시중에서 판매하는 유축기의 대부분이 크고 시끄러우며 사용하기도 불편하다는 것이다. 스마트 유축기를 제작하는 '나야헬스Naya Health'는 이 같은 불편 요소를 신기술로 해결하는 업체다. 나야의 유축기는 기존 제품들처럼 공기 압력으로 모유를 짜내는 대신 수압 시스템을 이용해 더 빠르고, 조용하게 모유를 뽑아낸다. 또한 스마트 기술을 활용해 산모들이 앱으로 기계를 제어하고 추출한 모유에 대한 정보를 분석하고 기록하도록 돕는다.

남편과 함께 나야헬스를 설립한 창립자 '자니카 알바레즈Janica Alvarez'는 아이 셋을 돌보며 직접 겪은 불편에서 창업 아이디어를 얻었다. 새로운 압축 방식의 유축기는 시장의 관심을 끄는 데 성공했고 나야헬스는 2016년 첫 제품을 론칭하며 390만 달러(약 44억 원)의 투자를 받았다.

여심저격 서비스 제공하는 의류 스타트업들

① 서드러브

브래지어 쇼핑을 즐거워하는 여성은 드물다. 몸에 꼭 맞는 브래지어는 여성의 삶에 필수적인 존재지만 속옷이라는 민감함과 특수성이 구매 행위를 번잡하고 귀찮게 만들기 때문이다. 미국의 브래지어 전문 쇼핑몰 '서드러브ThirdLove'는 여성들의 이런 불편을 해소하겠다는 목표로 탄생한 기업이다. 창업자 '히디 작Heidi Zak'은 바쁜 현대 여성들의 번거로움을 덜어주기 위해 스마트폰 앱으로 사이즈를 측정해 체형에 맞는

서드러브

ThirdLove

창립자

히디 작

사업 아이디어

30일 무료 체험 브래지어 전문 쇼핑몰

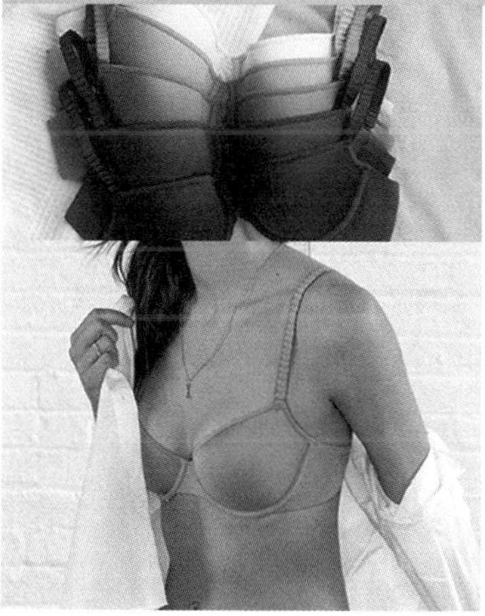

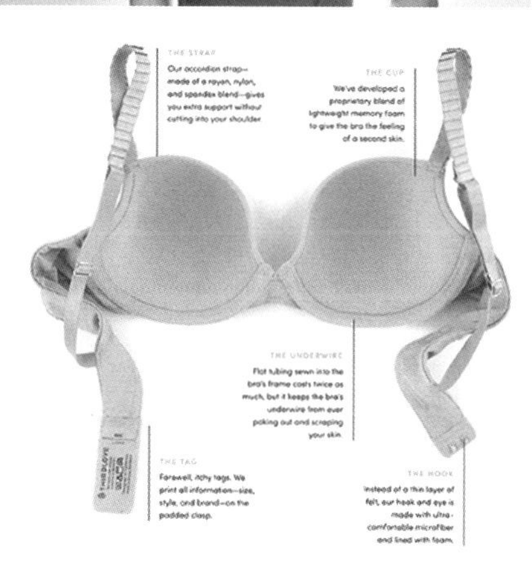

자사 브래지어를 추천해주는 서비스로 지난 2013년 사업을 시작했다.

당시는 스마트 기술을 활용한 맞춤형 서비스가 트렌드로 자리 잡고 있던 때라 서드러브와 비슷한 서비스로 창업한 속옷 기업들이 많았다. 2년에 걸친 시장조사, 수천 번의 테스트로 자신이 만든 브래지어가 경쟁력이 있을 것이라 믿고 있던 히디 작은 새로운 돌파구를 찾아야 했다.

그녀가 주목한 건 시착(시범 착용)이 힘든 탓에 소비자들이 새로운 브랜드의 브래지어를 잘 구매하지 않는다는 사실이었다. 히디 작은 소비자가 배송비만 부담하면 30일간 무료로 브래지어를 체험한 후 구매할 수 있는 서비스를 시작했다. 그녀의 전략은 적중했고 현재 서드러브 제품의 76%가 무료 체험 프로그램을 통해 팔리고 있다.

② 그위니비

미국 여성 세 명 가운데 한 명은 '플러스 사이즈' 옷을 입는다. 그러나 1,200억 달러(약 135조 원)가 오가는 여성 의류 시장은 이 같은 현실을

따라가지 못하고 있다. 미국 내 비만여성이 늘면서 큰 옷 수요가 증가하고 있지만 업계가 이를 외면하고 있는 것이다. 평균보다 큰 사이즈의 옷을 입어야 하는 여성들은 상품을 선택할 수 있는 폭이 좁고, 다양한 의류 관련 서비스를 누릴 권리도 박탈당한다.

플러스 사이즈 여성을 위한 의류 대여 서비스 업체 '그위니비 Gwynnie Bee'의 창립자 크리스틴 헌사이커Christine Hunsicker는 이 같은 흐름을 발 빠르게 읽어낸 여성 사업가 중 한 명이다. 그위니비 서비스를 이용하는 여성들은 일정한 요금을 내면 매달 배송비 없이 옷을 빌릴 수 있으며 상품이 마음에 들 경우 구매도 가능하다.

플러스 사이즈 여성의류에 대한 수요와 공유경제 산업 트렌드가 정확히 맞물리면서 그위니비는 폭풍적인 성장세를 보이고 있다. 헌사이커가 그위니비를 설립한 2012년부터 회사는 매년 10~15%씩 성장하며 플러스 사이즈 업계의 큰손 중 하나가 됐다. 그위니비는 지난 2015년까지 300만 상자의 옷을 소비자에게 배송했다.

'여자의 편은 여자다', 여성 중심 네트워킹 플랫폼

① 모걸

'뛰어 들어라, 한 발 물러서라, 공격적으로 행동하라, 너무 적극적이면 안 된다….' 오늘날의 커리어 우먼들은 오만 가지 충고를 들으며 일한다. 그러나 정작 그녀들에게 필요한 것은 비슷한 경험을 하고 있는 다른 여성들의 조언이다. 여성의 경제활동이 늘면서 '여자의 편은

「모걸
Mogul

창립자
티파니 팜

사업 아이디어
글로벌 여성 네트워킹 플랫폼

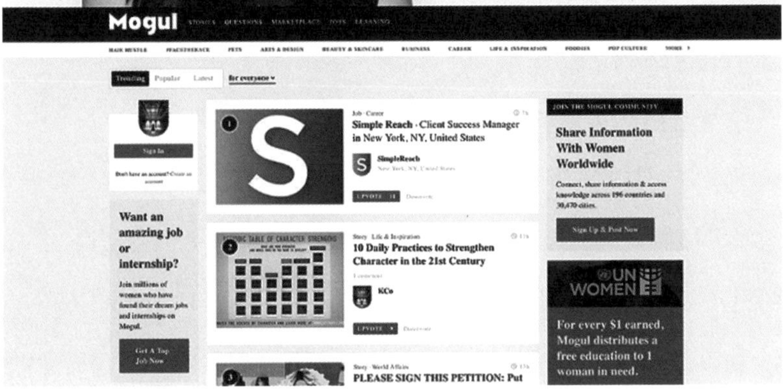

여자'를 외치며 여성들이 서로를 돕는 비즈니스 네트워킹 플랫폼이 늘고 있다.

티파니 팜Tiffany Pham이 2014년 설립한 '모걸Mogul'은 대표적인 글로벌 여성 네트워킹 플랫폼이다. 세계 각국의 여성들이 온라인으로 연결돼 경험과 정보를 나누고 함께 지식을 습득할 수 있는 네트워킹 플랫폼이다. 현재 196개국 3만 470개 도시에 1,800만 명의 여성이 매주 모걸에 접속해 거대한 네트워크를 형성하고 있다.

미국 방송국 CBS 전략 기획, 영화 제작 및 엔터테인먼트 사업 경험이 있는 티파니 팜이 창업을 결심하게 된 건 어느 날 갑자기 《포브스》가 그녀를 '30세 이하 언론인' 리스트에 올리면서 부터다. 《포브스》 기사를 접한 젊은 여성들이 팜에게 각종 조언을 구하는 편지를 수천 통씩 보냈다. 팜은 이를 통해 여성들이 성공을 위한 정보를 공유하고 싶어 한다는 사실을 깨닫고 서비스 개발을 시작해, 모걸을 세계 최대의 여성 플랫폼으로 키워냈다.

TIP

②

여성 창업가를 위한 7가지 가치 있는 조언

'여성 창업'이라는 단어 자체를 불편해하는 사람들이 있다. 여성 창업가들을 특별한 조언이나 도움이 필요한 타 집단으로 구분 짓는 단어가 될 수 있기 때문일 테다. 그러나 미국 테크 스타트업 미디어 《Tech.Co》의 필진인 크리스틴 프라이어christine prior는 "여성 창업가를 향한 조언은 여성들에게 특히 도움이 되는 지점이 있다는 사실을 인정해야 한다"고 말한다.
여기 그녀가 꼽은 여성 창업가를 위한 최고의 조언들을 소개한다. 물론 이 조언들은 여성 창업가뿐 아니라 모든 여성, 그리고 성별을 불문한 모든 창업가에게 유용한 내용임을 덧붙인다.

1. 일과 가정생활을 분리하라

개인사업자 가운데 직원이나 사무실이 필요하지 않은 경우 집에서 일하는 창업자들이 많다. 벤처 스타트업 창업자 역시 사무공간을 구할 여력이 없어 자신의 집을 일터로 사용하는 경우가 다반사다. 가급적 집 안에서도 업무 공간과 생활 공간을 분리하고 일하는 시간과 휴식 시간 역시 명확히 정해두는 것이 좋다. 업무 시간과 공간이 분리되지 않으면 당신의 고객이나 거래처는 득을 볼지 모르지만 당신은 불필요한 스트레스에 시달릴 가능성이 크다. 특히 아이를 돌보며 집에서 일을 하는 '엄마 CEO'들은 보육 시설의 도움을 받는 등 육아 시간과 업무 시간을 분리할 필요가 있다.

2. 다른 여성 창업자들과 오프라인 모임을 조직하라

수십 명의 여성 창업가들이 모이는 거창한 네트워킹 조직을 만들라는 얘기가 아니다. 당신만의 세계를 벗어나 같은 배를 타고 있는 비슷한 분야의 여성 창업가를 만나 서로의 멘토가 돼라. 가족이나 친구들은 이해해주기 힘든 고민을 털어놓는 것만으로도 스트레스가 확연히 줄어들 것이다. 당신을 가장 잘 이해하고 현실적인 조언을 줄 수 있는 사람은 같은 처지에 있는 창업자다.

3. 열정을 찾아라

만약 깨어 있는 대부분의 시간을 사업에 매진하기로 결심했다면 당신이 진정으로 열정을 쏟아부을 수 있는 일을 찾는 데 전력을 다하라. 창업의 길은 길고 험난하다. 아무리 '내 사업'이라 해도 쉽게 지치기 마련이다. 초심을 잃지 않고 끝까지 동력을 유지하기 위해서는 자신이 진심 어린 열정을 발휘할 수 있는 일이 무엇인지 고민해야 한다. 열정이 뒷받침되는 분야라면 성취감이나 보람을 얻기도 그만큼 쉬울 것이다.

4. 경쟁자들을 만나라

창업가들은 흔히 동종 업계의 경쟁자들을 절대 마주쳐서는 안 될 '도플갱어' 같은 존재로 치부한다. 그러나 당신이 사업 비밀을 누설하는 실수만 저지르지 않는다면 경쟁자를 만나 대화하는 것만으로도 사업에 큰 도움이 된다. 유능한 인재 풀을 공유할 수도 있고 당신만 모르고 있던 정보를 얻게 될지도 모른다. 혹 가치 있는 정보 공유가 이뤄지지 않더라도 열정적으로 사업에 매진할 수 있는 좋은 동기부여가 될 것이다.

5. 돈만을 벌기 위한 사업은 시작하지 마라

자신이 관심 있는 일보다 트렌드와 돈을 좇아 사업 아이템을 계속해서 바꾸는 '연쇄 창업가'들이 많다. 이는 돈을 벌어들이는 데 효과적일 때도 있지만 그리 흔한 일은 아니다. 보통 사업을 시작하면 실제로 수익을 내는 데 생각보다 훨씬 더 많은 시간이 소요된다. 단지 돈을 많이 버는 것이 사업의 목적이 아니라 당신의 업業 자체를 즐길 수 있어야 수익이 나기 전에 에너지를 모두 소모하고 포기해버리는 불상사가 일어나지 않을 것이다.

6. 자신에게 '잔인할 만큼' 솔직해져라

만약 당신이 자기 자신에게 솔직하지 못하다면 어떻게 다른 사람에게 솔직함을 기대할 수 있을 것인가. 자신의 강점과 약점을 비판적으로 파악하고 객관적인 시각으로 결점을 극복하려는 노력을 하지 않으면 당신의 사업 스킬은 발전할 수 없다. 자신에게 가장 잔인한 사업가가 성공한다는 사실을 기억하라.

7. 필요할 땐 주저 없이 도움을 요청하라

모든 일을 단독으로 해결하려 하지 마라. 성공한 창업가들은 도움을 청해야 할 때를 알고 있었다. 도움을 필요로 한다는 것은 위기와 나약함의 신호가 아니라 당신이 훌륭한 판단력을 갖췄다는 신호다.

대한민국에서
여성 CEO로 산다는 것
여성창업노트

Part 2

인터뷰

스타트업
여성 CEO의
'좌충우돌'
창업 스토리

01

월수입 100만 원 앱 만들던 여성 대표, 미국 호텔 시장을 사로잡다

심소영 | 두닷두 대표

"야간에 단체로 몇 십 명이 한꺼번에 체크인을 한 경우가 있었어요. 단체 대표와 호텔 판촉 지배인의 사전 스케줄 조율에 오해가 있었던 상황이었죠. 그런데 지배인이 연락두절인 거예요. 그래서 프론트에 있던 저와 단체 대표가 굉장히 당황했던 기억이 있어요. 이럴 땐 답이 없죠."

전직 호텔리어 김보상 씨는 호텔에서 일하면서 가장 아찔했던 경험을 이렇게 회상하며 현재의 호텔 의사소통 시스템으로는 돌발 상황이 생겼을 때 대처하기 힘들다고 말했다.

"호텔 규모나 업장마다 스타일이 다르긴 한데, 업무 의사소통은 주로 전화나 이메일을 많이 써요. 그밖에도 구두, 무전기, 사내 호텔 프로그램, 메모도 함께 사용하고요. (의사소통 채널이 여러 개라서) 불편한 점이 없잖아 있는데 그걸 대체할 만큼 괜찮은 도구가 아직 딱히 없는 게 사실이죠."

이 같은 호텔 직원 간의 커뮤니케이션 불편을 해결해보겠다 나선 젊은 여성 최고경영자가 있다. 전화, 무전기, 메모 등의 기능을 '스마트워치' 하나로 통합한 호텔 관리 솔루션을 제작하는 기업 '두닷두'의

스마트워치용 호텔 관리 솔루션 제작 기업 '두닷두' **심소영** 대표

심소영 대표다. 2015년 설립된 '두닷두'는 '2016 스타트텔아비브Start Tel Aviv' 한국 대회에서 1위를 차지했고, 삼성전자와 벤처파트너십 투자계약을 진행하고 있다. 미국의 대형 호텔들과도 속속 계약을 체결하고 있다. 심 대표는 어떻게 법인 설립 1년 만에 이 같은 쾌거를 이뤄낼 수 있었을까.

월매출 100만 원짜리 작은 앱으로 시작한 두닷두

"2014년에 스마트워치 붐이 불었을 때 처음 관심을 가지게 됐어요. 스마트워치 해커톤(개발자들이 모여 마라톤 하듯 결과물을 만들어 내는 행사)에 참여도 했었죠. 스마트워치의 핵심이 '시간'이잖아요. 사람과 사람의 시간이 모이면 일정이 만들어지고 그게 워치와 밀접하겠다는 생각으로 일정관리 기능을 넣은 스마트워치 앱을 만들게 됐죠."

두닷두의 시작엔 '호텔'이란 공간이 없었다. 사람들의 일정관리 기능이 담긴 스마트워치 페이스(시계의 첫 화면)를 만들었고, 월 100만 원가량의 소소한 수익을 가져다준 이 앱에 심 대표는 '일하다'란 의미의 'Do'와 'Do'사이를 'Dot(점)'이 잇는다는 의미로 '두닷두'라는 이름을 지어줬다. 컴퓨터공학을 전공한 심 대표는 소일거리 삼아 '두닷두'를 만들었을 뿐 당시만 해도 이 앱으로 사업을 할 생각이 전혀 없었다고 한다.

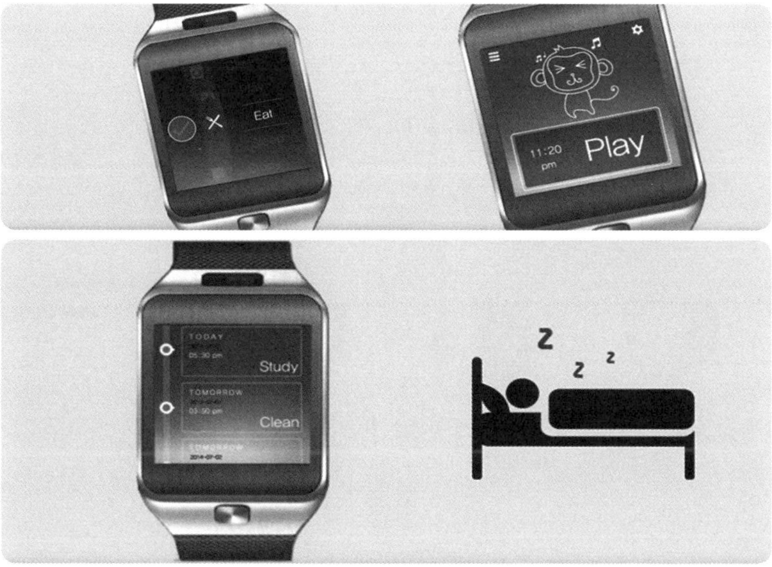

스마트워치용 두닷두 일정관리 앱

우연히 찾아간 실리콘밸리, 두닷두에 '호텔'을 입히다

반전의 기회는 우연히 찾아왔다. 지난 2014년 정부 지원으로 미국 실리콘밸리 연수를 다녀올 기회가 생긴 것이다. 심 대표는 그 곳에서 자신의 앱 '두닷두'를 선보였고 학교 동문 선배 중 누군가가 스마트워치를 호텔 관리에 응용할 수 없겠느냐는 의견을 내비쳤다.

"그냥 흘러가듯 나온 얘기였는데 이상하게 계속 기억에 남더라고요. 그래서 한국에 돌아오자마자 호텔에 필요할 만한 기능을 넣어서 1년 뒤에 다시 미국에 갔죠. 호텔 관리자들의 반응이 생각보다 좋았어요. 기능을 조금씩 업그레이드하면서 50군데가 넘

두닷두의 서비스 'HIMS' 주요 기능

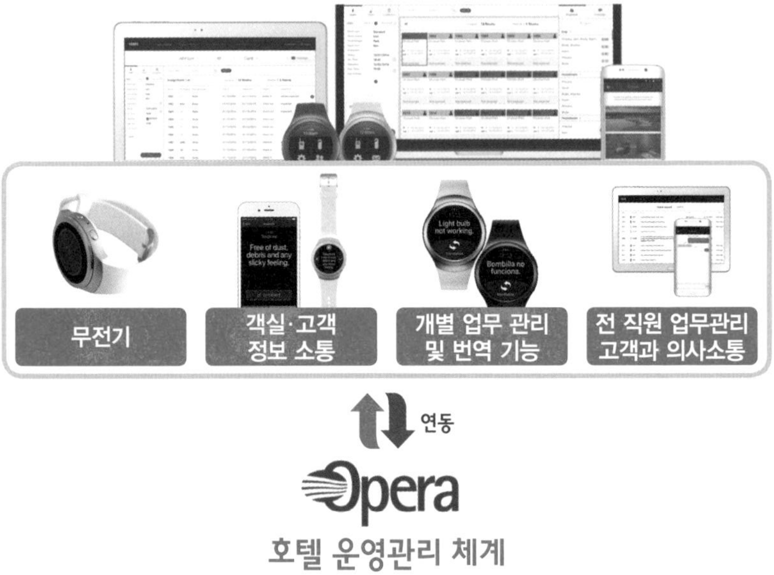

는 미국 호텔을 상대로 시장 조사를 계속 했어요. 시장성을 확인하곤 바로 사업을 해야겠다고 마음먹었죠."

두닷두의 서비스 'HIMSHospitality Intelligent Management System'는 스마트워치 앱에 무전 기능, 고객 요구사항 관리 기능 등을 넣은 호텔 관리 솔루션이다. 각 기능들은 모듈화돼 있어 호텔에 필요한 기능만 골라 맞춤형 설계가 가능하다. 심 대표는 한 기업 내에서 커뮤니케이션이 잘 되지 않는 문제를 해결해 효율적인 기업 문화를 만들고 싶었다.

HIMS의 장점은 전 세계에서 가장 많이 쓰이는 호텔 운영관리 체계인 '오페라OPERA'와 연동된다는 점이다. 호텔리어들은 오페라 시스템을 '호텔 운영의 뇌'라고 표현한다. 예약 관리, 고객 정보, 결제 내역, 결산 등 호텔 운영의 모든 것이 오페라를 통해 이뤄지기 때문이다.

HIMS를 이용하면 오페라와 연동해 어떤 방이 오늘 체크아웃하는지 등 객실 관리 현황을 직원들이 실시간으로 볼 수 있다. 한 직원이 객실 청소를 끝내고 '청소 완료'를 선택하면 모든 직원이 스마트워치로 해당 정보를 알 수 있는 것이다.

"한번은 미국의 한 최고급 호텔에 간 적이 있는데요. 두닷두 서비스를 팔고 싶어 '제가 고등학생인데 과제를 해야 하니 이 호텔의 IT 디렉터를 만나게 해달라'고 거짓말을 한 적이 있어요. 선뜻 메일을 알려주셔서 그날 저녁에 IT 디렉터를 만나 저희 서비스를 소개했어요. 그랬더니 저녁을 사주시더라고요. 원래 고객들이 밥을 사주는 경우는 거의 없는데(웃음). 결국 그 호텔에 두닷두의 서비스를 공급하기로 했죠."

스타트업 성지 '텔아비브'의 인정을 받다

'스타트텔아비브'는 스타트업 천국이라 불리는 이스라엘에서 정부 주최로 열리는 국제 스타트업 경진대회다. 우리나라, 호주, 캐나다 등 20개국에서 대회가 열리며 각국의 우승팀에게는 이스라엘의 IT 성지 텔아비브에서 전 세계 벤처투자자, 액셀러레이터 등과 만날 수 있는

'2016 스타트텔아비브' 한국 결선에서 1위를 차지한 심소영 대표

기회가 주어진다. 2016년 '스타트텔아비브' 한국 대표로 선정된 이가 바로 심 대표다. 두닷두는 스타트텔아비브 한국 대회를 후원했던 삼성전자 관계자들에게도 좋은 점수를 얻어 삼성전자와의 투자 계약도 앞두고 있다.

"한국 대회에 참가한 팀 중에 스마트워치를 B2B(기업 간 거래 기반 비즈니스 모델)로 하는 기업은 저희 밖에 없었거든요. 그게 특이해서 1등을 할 수 있었던 것 같아요. 또 심사위원들 앞에서 영어로 사업 설명을 하고 질의응답을 해야 했는데, 제가 영어로 전달을 잘하지 않았나 해요.(웃음)"

두닷두의 무한한 가능성, 호텔 이상을 넘보다

첫 법인 설립 당시 3명으로 시작한 두닷두는 이제 구성원 10명의 알짜 기업이 됐다. '무한한 사람의 힘을 믿는다'는 심 대표의 최종 목표는 호텔의 문턱을 넘어 '사람과 사람을 잇는 커뮤니케이션 서비스'로 그 영역을 확장하는 것이다.

"저희의 호텔 솔루션 서비스 이름인 'HIMS'의 'H'는 '호텔hotel'이 아니라 '접객업hospitality'이에요. 굳이 서비스 분야를 호텔로 한정하지 않겠다는 의미죠. 고객들과 직원 간에 다양한 관계가 오고가는 크루즈, 카지노, 컨벤션센터 사업 등으로 영역을 계속 넓힐 생각이에요. 무엇을 하든 사람과 사람의 관계를 이어주는 '두닷두'니까요."

02
엄마는 강하다?
그녀에게도 기댈 공간이 필요해요

•
•
•

김태은 | 맘스라디오 대표

어느 명절날의 북적북적한 할머니 댁. 누군가 급한 듯 "철수야"라며 내 이름을 외친다. "부르셨어요"하며 뒤돌아보니 할머니가 웃으며 고개를 젓는다. "아니, 너 말고 니 어미." 집에선 항상 '여보'라고 불러주던 아버지마저 밖에선 '철수 엄마'로 호칭을 바꾼다. 마치 그것이 당연한 '규칙'이라도 되는 양 엄마는 자신의 이름을 잃고 'OO 엄마'가 돼버린다.

'엄마'라는 새 이름의 무게

아이를 낳는 순간 엄마가 잃는 건 이름뿐만이 아니다. 프랑스 작가

인터뷰 보러 가기

엄마들을 위한 라디오 방송국 '맘스라디오' **김태은** 대표

빅토르 위고Victor-Marie Hugo의 유명한 말이 있지 않나. '여자는 약하다. 그러나 어머니는 강하다.' 엄마는 강하고 위대하며 늘 희생하는 존재라는 모성 신화는 긴 세월동안 우리 사회를 지배해왔다. 가족을 위해 평생을 헌신해 온 엄마의 삶을 조명한 신경숙 작가의 소설『엄마를 부탁해』는 출간과 동시에 베스트셀러에 올랐고, 김기덕 감독의 영화 〈피에타〉에서 죽은 아들의 복수를 위해 원수의 엄마가 되길 자처한 것도 '강한 엄마'였다. 누구도 그 작품에 투영된 모성 신화를 불편해하지 않는다. 그래서 엄마들에게는 '약해지는 것'이 사치다.

엄마들을 위한 콘텐츠 플랫폼 '맘스라디오'의 김태은 대표가 2015

년 처음 창업을 결심한 것은 그런 엄마들에게 '기댈 공간'을 만들어 주고 싶어서다. 14년간 방송작가, 팟캐스트 진행자로 활동했던 김 대표는 지난 2013년 아이를 낳으면서 일을 그만둬야 했다. 하루 종일 육아와 씨름하며 지친 일상을 보내던 그녀는 돌쟁이 아이를 안고 있다 문득 '엄마를 위한 라디오가 있었으면 좋겠다'는 생각이 들었다고 했다.

"예전에는 '한 아이를 키우려면 온 마을이 필요하다'는 말이 있었어요. 마을 사람들이 서로 아이도 맡아주고 밥도 챙겨주고 했었는데 이제는 마을 공동체가 다 깨져버렸잖아요. 그런데 육아의 책임은 여전히 엄마 혼자 져야 하니까 엄마들이 우울해지는 거죠. 그래서 엄마들이 서로 위로받고 공감할 수 있는 소통의 장을 만들고 싶었어요."

벗겨지지 않는 '독박육아'의 굴레

여성의 사회 진출이 늘면서 육아와 가사노동을 엄마와 아빠가 공평하게 부담해야 한다는 인식이 퍼지고 있지만 현실은 아직 이를 따라가지 못하고 있는 게 사실이다. 통계청의 「2015 일·가정 양립 지표」를 보면 맞벌이를 하더라도 여자가 남자보다 4.8배 더 긴 시간을 육아와 가사에 소요하는 것으로 나타났다. '가사를 공평하게 분담해야 한다'는 의견은 전체의 47.5%지만 이를 실제로 행동에 옮기는 남편은 16.4%에 불과하다.

성별 하루 가사노동 시간 비교

자료: 통계청「일·가정 양립 지표」, 2015

"엄마들의 90%가 산후우울증을 겪는다고 하더라고요. 집에서 혼자 애만 봐야 하니까. 쌍둥이 엄마들은 멀리서 다른 쌍둥이 엄마만 봐도 위로가 된대요. 혼자 하는 육아가 너무 힘든데 한 명이라도 그 마음을 알아주는 사람이 있으면 행복하거든요. 독박육아에 지친 엄마들에게 어떻게 손을 뻗어 소통을 할까, 어떤 육아 정보를 줄까 고민을 많이 했죠."

'맘스라디오'는 휴대폰으로 들을 수 있는 모바일 방송 플랫폼이다. 모바일 앱을 다운받으면 10개의 라디오 프로그램이 있고 그중 원하는 것을 골라 들으며 댓글로 소통도 할 수 있다. 육아정보뿐 아니라 요리, 살림, 자기계발, 창업, 자녀교육 등 다루는 내용도 다양하다.

'맘스라디오' 편성표

"저희는 그냥 엄마들이 나와서 그저 수다 떠는 게 아니라 '엄마 전문가'들이 방송을 해요. 최근 인기 있었던 방송은 〈자녀와 소통하는 법〉이었는데, 아이가 거짓말했을 때의 대처법, 화내지 않고 소통하는 방법 같은 내용을 다뤘거든요. 엄마들이 울면서 많이 들으시더라고요."

맘스라디오의 프로그램 중엔 발달장애인 아동 엄마들이 진행하는 〈예지맘의 괜찮아〉 코너도 있다. 발달장애를 가진 자녀의 엄마들에게 교육 정보를 제공하면서 공감과 위로를 전하는 내용을 담고 있다.

"자폐를 가지고 있거나 발달이 늦은 아이의 엄마들은 외출하기도 힘들어요. 주변 시선 때문에요. 그런 엄마들이 방송을 진행하니까 그 자체로 힐링이 되죠. 실제로 방송을 듣고 울면서 남들에게 말 못할 사연을 보내오는 엄마들이 많아요. 최근엔 그 아이들을 대학에 보내고 뮤지컬 무대까지 세운 엄마들이 나와서 함께 얘기를 나눴거든요. 발달장애인 엄마들이 거기서 위로도 많이 받고 힘을 얻었죠."

엄마가 행복해야 아이도 행복해요

2015년 통계청이 실시한 사회조사에 따르면 여성의 71.7%가 '여가활용으로 TV를 시청한다'고 답했다. 만족스런 여가생활을 하지 못하는 이유로는 '경제적 부담'이 57.4%, '시간 부족'이 19%로 1, 2위를 차지했다. 다른 여가생활을 할 돈과 시간이 부족하다 보니 자연스레 손길이 TV 리모컨으로 향하는 것이다.

"특히 엄마들 같은 경우에는 아이를 재워 놓고 드라마 보는 게 할 수 있는 여가생활의 전부거든요. 엄마들이 그래서 드라마를 많이 보는 거예요. 근데 보고 나서 수다를 떨고 싶은데, 이걸 얘기 할 데가 없는 거예요. 그래서 저희가 〈드라마 봤수다〉라는 프로그램을 만들었어요. 엄마들은 그걸 들으면서 댓글로 소통을 하죠. 그런 공감대를 함께 하면서 답답함을 해소하는 거예요."

2015년 12월 첫 방송을 시작한 맘스라디오는 10개월 만에 회원 수 2,000명, 하루 방문자 300명의 어엿한 방송 플랫폼이 됐다. 조금씩 광

맘스라디오가 진행되는 모습

고도 들어오고 있고, 2016년 3월에는 한국콘텐츠진흥원에서 '우수콘텐츠상'을 수상하며 창업지원금도 받았다. 김 대표의 목표는 라디오 방송국을 넘어 '엄마 포털'을 만드는 것이다. 육아용품이나 엄마들을 위한 상품 판매도 계획 중이다.

"이 시대의 가장 큰 아픔은 '단절'이라고 생각해요. 스마트폰 덕에 소통이 많이 되는 것 같지만 결국 혼자 방에서 메신저하는 게 다거든요. 예전에는 빨래터에 모여 잡담을 나누면서 스트레스를 풀고 했었는데. 혼자 육아하면서 엄마가 힘들어하면 아이도 힘들어요. 맘스라디오가 엄마들이 모여 같이 힘내는 그런 공간이 됐으면 좋겠어요. 엄마가 행복해야 아이도 행복하니까요."

03

‘덕업일치’한 여자들…
“취미를 배달해드립니다”

구윤혜·조유진 | 하비인더박스 대표

바야흐로 ‘덕후 전성시대’다. 한 분야에 열중하는 마니아들을 일컫는 ‘덕후’는 원래 ‘집에 틀어박혀 일본 애니메이션에나 열중하는 한심한 사람’이라는 부정적 시선이 담긴 단어였다. 그러나 마니아 수준을 넘어 ‘전문가’로 대접받는 이른바 ‘성공한 덕후’들이 언론의 주목을 받으면서 이들을 보는 눈길이 바뀌고 있다. 이제는 ‘취미’라는 단어가 ‘덕’으로 대체돼 널리 쓰일 정도다. 좋아하는 분야의 자료를 모으고 지식을 쌓는 ‘취미생활’ 대신 ‘덕질’이란 단어가 젊은 세대에 더 익숙하고, 취미를 직업으로 연결시키는 행위는 ‘덕업일치’라 불리기도 한다.

취미를 배달해드립니다

여기 취미생활을 사업의 기회로 삼아 '덕업일치'를 갓 시작한 덕후들이 있다. 매달 새로운 취미를 집으로 배달해 주는 서비스 '하비인더박스'의 구윤혜, 조유진 대표가 그 주인공이다.

"원래 손으로 뭔가 만드는 걸 좋아했어요. 캘리그라피나 명화 색칠하기 같은 취미생활을 즐겨 했죠. 그런데 직장생활을 하다 보니 퇴근하고 뭘 하기도 피곤하고 알아보기도 귀찮은 거예요. 언젠가부터 '취미가 뭐예요?'라는 질문에 제대로 답을 못하겠더라고요.

인터뷰 보러 가기

색다른 취미를 집으로 배달해주는 '하비인더박스' **구윤혜**(좌)· **조유진**(우) 대표

저희 같은 사람들이 집에서 편하게 취미생활을 받아볼 수 있으면 좋겠다는 생각이 들어서 창업을 결심하게 됐어요." (구 대표)

'하비인더박스'는 '덕업일치'를 넘어 취미생활 그 자체를 사업 아이템으로 발굴해 낸 케이스다. 정기 배송을 신청하면 매달 새로운 취미를 담은 상자가 집으로 배달된다. 취미 아이템은 두 대표가 재료와 도구 하나하나까지 직접 구성해 만든다.

"저희 둘다 '금손(손재주가 좋은 사람)'은 아니지만 취미생활을 많이 해봤잖아요. 그래서 직접 만들어 보면서 설명서를 더 쉽게 바꾸기도 하고, 재료도 다른 걸 써 보고 하면서 연구를 많이 해요. 흔하지 않은 취미 아이템을 찾기 위해 공부도 많이 하죠." (조 대표)

독서, 영화감상은 이제 그만

"당신의 취미는 무엇입니까?"

새로운 누군가를 만났을 때 흔히 듣는 질문, 그리고 이력서에 칸을 채울 때마다 멈칫하게 되는 항목이다. 이 물음에 '독서'나 '영화감상' 같은 뻔한 답을 쥐어짜내지 않고 자신 있게 자기 취미를 소개할 수 있는 사람이 몇이나 될까. 통계청이 2015년 실시한 '사회조사'에서 우리나라 국민의 69.9%가 TV를 보며 여가를 보낸다고 답했다. 취미나 자기계발 활동을 하는 사람은 14.7%에 불과하다. 상황이 이렇다보니 자

통계로 본 한국인의 여가생활

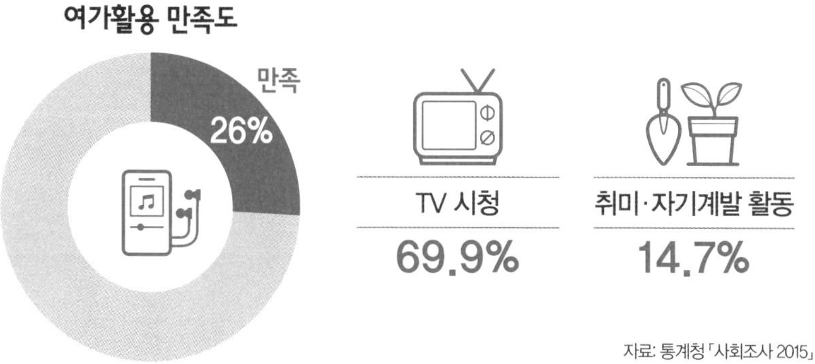

자료: 통계청「사회조사 2015」

연히 여가활용 만족도는 26% 수준에 머무른다. '취미 생활이 없는 나라', 대한민국의 현주소다.

> "다들 바쁘게 살다보니 '취미'라는 흔한 단어가 사치로 여겨지는 시대잖아요. '하비인더박스'가 태어나게 된 것도 이런 시대 상황이 반영된 거고요. '취미생활'마저도 효율과 편의를 따지게 됐다는 게 안타깝죠. 사람들이 힘든 일상 속에서 취미생활에 대한 욕구를 놓치지 않도록 저희가 도울 수 있다는 게 참 좋아요. 취미 없는 인생은 너무 빡빡하니까요!" (조 대표)

'사람들의 지친 일상 속에 즐거움을 주자'를 모토로 2016년 6월 사업을 시작한 하비인더박스의 첫 아이템은 '네온사인 만들기'다. 빛을 내는 엘-와이어EL-Wire를 원하는 모양으로 고정해 나만의 네온사인을 만들 수 있다.

"첫 아이템이다 보니 특히 신선한 걸 찾기 위해 공을 많이 들였어요. 박스를 열면 두 종류의 와이어와 아크릴판이 들어있고요. 여기에 사람들이 나가서 다른 공구를 사와야 하는 불편을 없애기 위해서 송곳과 건전지, 벨벳 천까지 다 챙겨 넣었어요." (구 대표)

취미 아이템은 매달 두 대표가 관련 박람회를 다니고 인터넷 서핑도 하면서 머리를 맞대 결정한다. 크리스마스나 발렌타인데이 시

하비인더박스의 첫 아이템 '네온사인 만들기' 키트

존에는 이벤트 맞춤형 취미도 발굴하겠다는 구상이다. 식물을 키우는 '테라리움'이나 '스텐실(글자나 무늬, 그림 따위의 모양을 오려 낸 후, 그 구멍에 물감을 넣어 그림을 찍어 내는 기법)' 등도 박스 구성을 준비 중이다. 그녀들이 아이템을 고를 때 특히 중점을 두는 건 '아날로그 감성'으로의 회귀다.

"사람은 아날로그잖아요. 그래서 아무리 디지털 시대라고 해도 아날로그 감성에 대한 욕구가 분명히 있을 거라고 봐요. 그리고 뭔가를 집중해서 만들어 낼 때 오는 희열이 있잖아요. 이번에 첫 번째 취미 키트를 받아보신 분들이 생각보다 더 즐거워하시더라고요. 사람들이 손으로 무언가를 만들며 나만의 시간을 보내는 것에 대한 욕구가 있다는 걸 확인할 수 있어서 기뻤죠." (조 대표)

'덕업일치'의 함정… 그래도 우리는 즐거워요

누구나 자신이 좋아하는 분야를 직업으로 삼기 원하지만 '덕업일치'가 꼭 행복을 가져다주지는 않는다. 미국 프로농구의 전설 줄리어스 어빙Julius Erving은 다음과 같은 말을 남겼다. "프로가 된다는 것은 당신이 하고 싶은 모든 일을 당신이 하고 싶지 않은 날에 하는 것을 말한다." 취미가 직업이 되는 순간 전과 같은 재미를 느끼기 힘들다는 얘기다.

"예전에 축구를 정말 좋아하던 친구가 축구 전문잡지 입사를 생

하비인더박스 구윤혜 대표와 조유진 대표

각하다 포기한 적이 있었어요. 자기가 정말 좋아하는 축구가 직업이 되면 싫어질 것 같다면서요. 저도 그런 부분이 걱정되긴 했지만 취미를 연구하는 일은 할수록 재미있는 것 같아요. 제 자신이 한 명의 고객이 돼 세상의 취미를 한 번씩 경험하고 알아가는 즐거움이 있죠." (구 대표)

'취미를 배달하는 일' 그 자체를 즐겨서일까. 하비인더박스는 정식 론칭 전부터 소비자들의 뜨거운 관심을 받았다. 200만 원만 채우면 소원이 없겠다며 홍보 겸 시작한 크라우드 펀딩에서 목표금액의 600%인 1,200만 원 후원을 달성한 것이다.

"처음 목표금액 100%를 돌파했을 때 환호성을 지르며 저희끼리

하이파이브를 했어요. 그런데 그게 끝이 아니었던 거예요. 저희가 후원해주신 분들께 박스를 배송할 때 손 편지를 함께 보내는데 정말 진심으로 감사하는 마음을 담아서 쓰게 되더라고요." (조 대표)

두 대표와 한참 '취미 사업' 이야기를 나누다 보니 그녀들의 '진짜 취미'가 궁금해진다. 취미를 배달하는 이들은 무엇을 하며 여가 시간을 보낼까. 아이러니하게도 '독서'라는 답이 돌아왔다.

"원래 하던 취미활동들은 하비인더박스 아이템 개발로 옮겨와서 '일'이 됐어요. 사업을 시작한 후의 취미는 오히려 너무 흔해서 색다른 '독서'랍니다. 장르를 가리지 않고 계속 손에서 책을 놓지 않으려고 노력하는 편이에요. 여전히 독서의 힘을 믿고 있기 때문에 읽고 생각하고 글로 남기려고 해요."(구 대표)

04

'공대 아름이'는 왜 치마 대신 체크남방을 입게 됐을까

이진주 | 걸스로봇 대표

2015년 미국의 소셜네트워크서비스를 뜨겁게 달군 해시태그 한 줄이 있다. '#ILookLikeAnEngineer(나도 엔지니어처럼 생겼습니다)' 이 캠페인은 한 정보기술업체가 자사 직원인 여성 엔지니어를 광고 모델로 내세우면서 시작됐다. 엔지니어라기엔 '지나치게 아름다운' 그녀의 외모에 세간의 관심이 쏠리자 해당 광고 모델은 누리꾼들에게 "엔지니어는 대체 어떻게 생겨야 하나요?"라는 질문을 던졌다. 이후 IT업계에 종사하는 많은 여성들이 진한 화장을 한 사진, 요리하는 사진 등을 SNS에 올리며 '이공계 여성'에게 씌워진 미국 사회의 이미지 편견에 경종을 울렸다.

'공대에 다니는 여대생'하면 자동으로 '공대 아름이'를 떠올리는 한

미국 SNS에서 유행한 '#나도엔지니어처럼생겼다' 캠페인

국의 상황도 별반 다르지 않다. 모태솔로로 가는 지름길은 '남고-공대-군대'라는 농담을 누구나 자연스레 받아들일 정도로 '공학은 남자의 전유물'이라는 인식이 우리 사회에 만연해 있다. 이 같은 편견을 깨려면 우리는 무엇을 해야 할까. 로봇하는 여자들의 네트워크 '걸스로봇'의 이진주 대표를 만나 이공계 여성의 현재와 미래에 대한 이야기를 나눴다.

인터뷰 보러 가기

로봇하는 여자들의 네트워크 '걸스로봇' **이진주** 대표

'걸스로봇'은 '이공계 여성'에 대한 사회인식 변화 캠페인을 벌이는 소셜벤처다. 여성 공학자들과 연계해 우리 사회의 편견을 바꾸고 여성들이 활발하게 과학기술 분야에 진출할 수 있도록 돕고 있다.

"사회적인 임팩트를 주기 위해 강연을 열고, 인터뷰를 하는 등 모든 수단을 동원하고 있어요. 여성 공학자, 과학자, 여학생 인터뷰를 추려 책을 출간하는 게 올해 목표에요. 궁극적으로는 '더 많은 여자들이 이공계에 진출해 끝까지 오래 살아남는' 사회를 만드는 거고요."

공학도로 잠깐 발을 들였던 이 대표는 사범대를 졸업해 두 번의 직장생활을 거친 평범한 두 아이의 엄마다. 그런 그녀가 이공계 여성, 특히 '로봇하는 여성'을 위해 발 벗고 나선 까닭은 무엇일까.

"저는 '로봇 덕후'에요. 그래봤자 아이 키우면서 몰래 피규어를 수집하는 정도였는데, 우연찮게 '로열모(로봇공학을 위한 열린 모임)'에서 강연을 하게 됐어요. 제가 사실 사범대 가기 전, 공대에 입학해서 한 학기를 다녔었거든요. 고리타분한 얘기 대신 결혼, 경력단절, 육아 같은 제 경험 이야기를 했더니 대학생 친구들이 난리가 난 거예요. 특히 관심이 없을 거라고 생각했던 남학생들이 '엄마', '누나', '여자친구'가 생각났다며 저에게 (여성 공대생을 위한) '걸girl 세션'을 열어보면 어떻겠냐고 제안을 했죠."

'로열모'에서의 경험을 통해 '벼락같은 깨달음'을 얻은 이 대표. 그녀의 표현을 빌리자면 "40년 인생을 한곳에 정착하지 못하고 헤맸던

국내외 여성 공학자들을 두루 만나며 활발한 활동을 펼치고 있는 걸스로봇

게 이 일을 하기 위해서였다"는 소명의식을 느꼈다고 했다. 그때부터 그녀는 국내외 가리지 않고 로봇공학 학회를 닥치는 대로 쫓아다니며 여성 공학자들을 만나기 시작했다.

이공계 여성이 '남자 한 사람' 몫을 하기 위해 필요한 것들

"지금 우리나라에서 로봇을 전공하는 여성 공학자는 열 명이 채 안돼요. 범위를 좀 넓혀 봐도 수십 명 정도죠. 그분들이 무슨 분야에서 어떤 일을 하는지 지도를 그리고 있는 중이에요. 이 분들을 연결해 서로 네트워킹하고 정보도 공유할 수 있게끔 하려고요. 점과 점이 연결되면 선이 되고 선이 확장되면 사회 인식을 변화시킬 수 있는 면이 될 수 있으니까요."

2014년 기준 이공계 대학, 공공·민간 연구기관 등에서 과학기술 연구개발활동에 참여하고 있는 여성은 4만 3,433명으로 전체 인력의 18.7%이다. 이 중에서도 과반을 차지하는 자연·의학·약학 계열을 빼고 나면 공학계열에 종사하는 여성 과학기술 연구개발인력은 전체의 7.5%에 불과하다. 공학 분야 안에서도 연구인력이 극소수인 로봇 분야는 말할 것도 없다.

"이 척박한 환경에서 30년을 버텨낸 로봇공학계의 '왕언니'가 계

이공계 여성 연령별 경제활동참가율

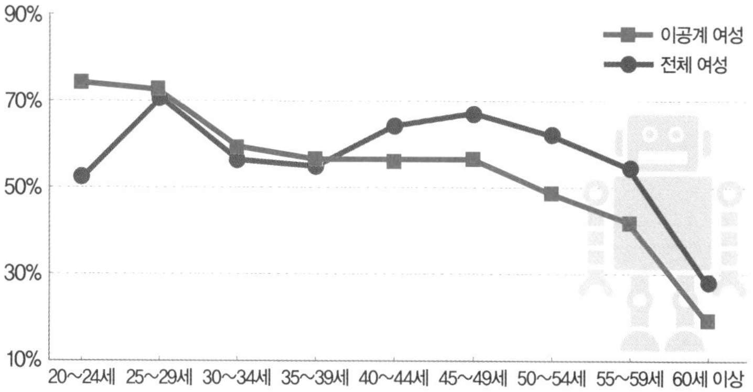

자료: 통계청 「경제활동인구조사」, 2012

세요. 한성대 조혜경 교수님이신데 그분이 하신 말씀 중에 가장 마음이 아팠던 말이 있어요. '내가 남자 한 사람의 몫을 하기 위해 30년을 죽도록 버텨왔다'고 하시더라고요. 남자 열 명, 백 명도 아닌 한 사람의 몫을 하려면 여자에게는 엄청난 희생과 노력이 필요한 거예요. 이공계는 트렌드가 너무 빨리 변해서 임신해서 애 키워놓고 다시 돌아올 수가 없는 분야거든요."

2011년 통계청의 「지역별 고용조사」에 따르면 전문대학 이상에서 자연·공학계열을 전공한 졸업자 가운데 기혼여성의 비취업자 비율은 47.3%. 이 중 결혼이나 임신, 육아 등으로 경제활동을 그만둔 경력단절여성이 65.5%나 된다. 특히 공학계열 비취업 여성의 경력단절 비율은 71.1%로 10명 중 3명만이 다시 일터로 돌아간다.

"외국의 경우는 여성들이 훨씬 경력단절 문제에서 자유롭죠. 독일 뮌헨공과대학 이동희 교수님은 독일 공학자와 결혼했는데 남편과 살림, 육아를 정확히 반씩 나눠하면서 연구를 계속 진행하시더라고요. 가장 원론적이면서 모범적인 답안이죠. 우리 사회에도 이런 얘기를 공론화할 수 있는 여성 공학자 리더들이 많이 필요하겠다는 생각을 했어요."

"공대에 남자뿐인 건 당연한 게 아니에요"

한국교육개발원의 『취업통계연보』에 따르면 2014년 공학계열 대학을 졸업한 여학생은 2만 3,654명으로 전체 공대 졸업자의 17.4%에 불과하다. 여성들은 왜 공학 공부를 꺼리는 걸까.

이 질문에 대해 워싱턴주립대학의 심리학자 사프나 셰라이언Sapna Cheryan은 '과학과 공학에 대한 고정관념이 큰 영향을 끼친다'는 연구 결과를 내놨다. 공대 강의실에 늘 보이는 과학 잡지, 게임, 과학소설 책 대신 예술 포스터나 식물, 커피메이커 등 이른바 '가치중립적' 물건을 놓으면 여학생들이 과학 수업을 수강하는 데 더 큰 흥미를 보인다는 것이다. '과학과 공학은 남자의 전유물'이라는 고정관념과 여성이 거부감을 느낄 수 있는 남성적인 분위기 때문에 여성이 공학을 전공하길 꺼린다는 얘기다.

"여학생들이 공대에 가면 시간이 갈수록 '남자 흉내'를 내게 돼요. 처음에는 예쁘게 치마를 차려입고 가다가 나중에는 운동복에 체크남방을 입으면서 자신의 여성성을 지우는 거죠. 불필요한 오해나 접촉을 줄이고 그 공간에서 자신이 돋보이는 것에 대한 불편함을 없애기 위해서요. 여학생들이 어떤 차림이든, 외모가 어떻든 구애받지 않고 열심히 공부하고 일할 수 있는 사회 분위기가 만들어져야 한다고 생각해요. 그래야 뛰어난 여성 인재들을 더 많이 길러낼 수 있을 테니까요."

이 대표는 '분홍색을 좋아하는 여성은 공학과 어울리지 않는다'는 잘못된 공식을 바꾸고 싶다고 말한다. 걸스로봇 1주년 기념 파티에서 분홍색으로 벽을 잔뜩 칠하고 반짝이는 큐빅이 박힌 로봇을 만드는 이벤트를 구상하고 있는 이유가 이 때문이다. 이른바 '여성적인' 모습들이 기계, 로봇과 공존할 수 있다는 것을 보여주고 싶다고 했다.

"저희 로고도 일부러 분홍색, 보라색을 쓰고 아기자기한 폰트를 사용했거든요. 여자아이는 '분홍색', 남자아이는 '파란색' 이라는

리본을 단 귀여운 로봇이 들어간 걸스로봇의 로고

고정관념도 우리나라뿐 아니라 세계적으로 만연해 있는 컬러 편견이죠. '그것을 깰 수 없다면 받아들이겠다. 그러나 그런 컬러와 폰트를 좋아하는 여성은 공학과 어울리지 않다는 공식은 잘못됐다'는 의미를 갖고 있어요. 여자가 머리를 어떻게 하든, 화장을 얼마나 진하게 하든, 공학 분야에서 일하는 것과는 아무 상관이 없다는 걸 보여주고 싶어요."

그러고 보니 걸스로봇은 왜 '소녀들의 로봇'일까. 위민스Women's 로봇, 레이디스Ladies'로봇도 아닌, 왜 하필 '가장 연약해' 보이는 'Girl(소녀)'이라는 단어를 골랐을까.

"미국 P&G의 생리대 브랜드 '위스퍼Whisper'에서 '#여자답게' 캠페인을 벌인 적이 있어요. 그 광고에서 사람들에게 '여자처럼' 뛰어보라고 시켰더니 성인 남성, 여성, 소년들은 손목을 꺾어 들고 하늘하늘 달리더라고요. 그런데 진짜 10대 소녀들은 죽을힘을 다해서 뛰는 거예요. 이거다 싶었어요. 전속력으로 달리는 소녀의 모습이 '여자다운 것'이라는 편견에 사로잡히기 전 자연 상태의 여자라는 생각이 들었거든요. 가장 자연스러운 상태의 여성 공학자. 그게 바로 '걸스로봇'이죠."

05
혼자서도 잘 먹고 잘 살 수 있는 1인 창작자의 세계

스칼렛 | 뷰티 크리에이터

"미국은 인종주의를 극복하지 못했다. 그것은 단순히 공개적인 자리에서 '깜둥이nigger'라고 말하는 정도의 무례함을 의미하는 게 아니다."

2015년 버락 오바마Barack Obama 미국 전 대통령이 흑인을 비하하는 금기어를 쏟아내며 인종주의를 비판해 화제가 됐던 인터뷰에서 나온 발언이다. 그가 허심탄회하게 속 얘기를 털어놨던 장소는 백악관도, 이름만 대면 누구나 알 정도로 유명한 방송국도 아닌 조그마한 주택 차고였다. 코미디언 마크 마론Marc Maron이 진행하는 팟캐스트 〈WTF with Marc Maron〉 출연을 위해 이날 오바마 전 대통령은 워싱턴에서 로스앤젤레스까지 날아갔다. 미국 대통령이 난다 긴다 하는 유력 매체를 제쳐두고, '1인 미디어'에 출연하기 위해 대륙 반대편의 주택가로 향한 이유는 간단하다. 월평균 500만 회 이상 다운로드되는 〈WTF〉 방송의 위력 때문이다.

우리나라 역시 '1인 미디어'의 영향력이 점차 강해지고 있는 나라 가운데 하나다. 인터넷 라이브 방송 채널 '아프리카TV'의 흥행을 계기로 음식, 게임, 뷰티 등을 주제로 삼은 '1인 인터넷 방송'이 대안 미디어로 자리를 잡고 있는 추세다. 1인 창작자는 자신만의 확실한 콘셉트와 어느 정도의 '말발'만 있으면 '혼자서 잘 먹고 잘 살 수 있는' 직업이다. 국내 최대 포털 서비스 네이버가 올해 주최한 뷰티 콘텐츠 창

네이버 '뷰스타' 1등 '뷰티 크리에이터' **스칼렛**

작자 육성 프로그램 '뷰스타'에서 1등을 거머쥔 뷰티 크리에이터 '스칼렛(손다솜)'을 만나 1인 창작자의 세계를 들여다봤다.

"'크리에이터'는 1인 미디어를 운영하는 사람을 지칭하는 말이에요. 저는 그중에서도 뷰티 콘텐츠를 만드는 '뷰티 크리에이터'고요. '스칼렛'이라는 닉네임으로 화장법, 피부관리법과 같은 뷰티 관련 정보들을 주제로 영상을 통해 시청자들과 소통하고 있어요."

인터넷 방송, TV의 종말을 예견하다

"전통적인 TV 방송은 20년 내에 사라질 것이다."

세계 최대 동영상 스트리밍 서비스 업체 '넷플릭스'가 전통 미디어에 날린 경고장이다. 넷플릭스 최고경영자 리드 헤이스팅스**Reed Hastings**는 앞으로 20년 동안 매년 통상적 형태의 TV 시장이 쇠퇴하고 인터넷 TV가 성장하는 모습을 보게 될 것이라고 주장했다.

헤이스팅스의 말처럼 인터넷을 기반으로 한 '1인 미디어'는 최근 폭발적 성장세를 거듭하고 있다. 실제 세계 최대 동영상 구독 사이트 유튜브의 사용자 수는 2016년 10억 명을 돌파, 전체 인터넷 사용자 3명 중 1명을 차지하고 있을 정도다. 이 채널을 통해 콘텐츠를 공급하는 이들에게 유튜브가 지급한 돈은 2016년 7월 기준 20억 달러(약 2조 3,400억 원)를 넘어섰다.

인포그래픽으로 보는 1인 미디어 산업

전 세계 유튜브 사용자 수

자료: YouTube 2015 통계

연령대별 필수 매체 인식

자료: 방송통신위원회 「방송매체 이용행태 조사」, 2014

아프리카TV 미디어 사업 매출액 추이

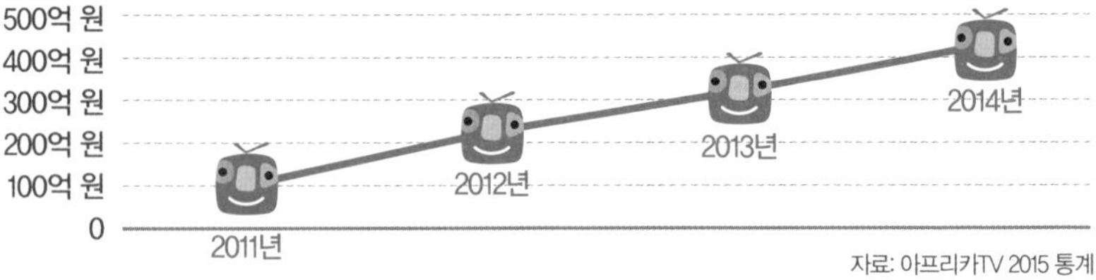

자료: 아프리카TV 2015 통계

우리나라도 예외는 아니다. 방송가에서 최근 가장 주목하는 숫자로 '제로 TV 가구(TV가 없는 가구)'의 '0'과 '1인 미디어'를 뜻하는 '1'을 꼽을 정도로 1인 미디어의 위상이 전통 TV 방송을 위협하고 있다. 아프리카TV의 월간 순 방문자 수는 2014년 800만 명을 넘어섰고, 2011년 150억여 원에 불과했던 연간 매출액은 5년 만에 828억 원을 달성하며 눈부신 성장을 기록했다. 손 씨는 이 같은 '1인 미디어' 산업의 성장성을 믿고 업계에 뛰어든 케이스다.

"저희만 해도 TV가 더 친숙한 세대잖아요. 명절에 사촌동생들을 보고 굉장히 놀랐어요. 한자리에 앉아서 스마트폰으로 몇 시간

동안 유튜브를 보고 있더라고요. 마치 저희가 TV를 보는 것처럼요. 이 친구들이 대학생이 되고 직장인이 되는 시대가 오면 텔레비전보다 인터넷 방송이 더 강력해지지 않을까 생각했어요."

실제로 2014년 방송통신위원회의 「방송매체 이용행태 조사」에 따르면 30·40세대의 53.8%만이 스마트폰을 필수 매체로 인식하는 데 반해 10대, 20대의 경우는 69%가 '스마트폰이 필수적'이라고 답했다. 우리나라의 지난해 유튜브 시청 시간은 전년 대비 110% 증가했고, 동영상 업로드 건수는 90% 늘었다.

'혼자서도 잘 먹고 잘 살 수 있는' 1인 창작자의 세계

"저는 원래 방송 PD 지망생이었어요. 시험 준비를 계속하다가 방송국에서 디지털 콘텐츠를 만드는 팀에 들어가게 됐는데 그때 1인 미디어에 대해 알게 됐어요. 1인 미디어 그 자체가 너무 매력적이더라고요. 내가 기획하고 내가 모델이 되고 내가 모든 걸 총괄해서 하나의 작품을 만드는 데서 오는 만족감이 굉장히 커요. 특히 저는 직접 참여한 결과물이 오롯이 제 것이었을 때 가장 행복한 사람이거든요. 그래서 '1인 미디어'를 제 직업으로 택했죠."

누구나 마음만 먹으면 혼자 채널을 열어 방송을 할 수 있다는 게 1

인 미디어의 최대 장점이다. 당연히 진입장벽도 낮다. 1인 창작자의 기본 수익은 네이버 TV 캐스트나 유튜브 같은 동영상 플랫폼에서 나오는 광고수입이다. 여기에 구독자만 끌어모을 수 있다면 기업과의 제휴, 광고 등 부가적인 수익이 생겨 혼자서 충분히 '잘 먹고 잘 살 수' 있다.

"가장 기본적으로 제가 만들어 올리는 동영상 콘텐츠에 앞뒤로 붙는 광고비를 조회수에 따라 네이버나 유튜브에서 지급 받아요. 거기에다 구독자 수가 꽤 늘면 저 같은 뷰티 크리에이터의 경우는 화장품 브랜드에서 협업 제안이 들어오죠. 화장품을 협찬해 주고 광고비를 받거나 아예 브랜드와 함께 프로젝트 영상을 만들어서 부수적인 수입을 올리죠. 매월 수입이 들쭉날쭉 하긴 하지만 웬만한 직장인 월급 이상은 벌고 있어요."

다만 1인 미디어 시장이 누구에게나 '기회의 땅'이 되는 건 아니다. 동영상 플랫폼이 창작자에게 지급하는 돈은 광고 수익의 극히 일부분이기 때문에 구독자와 콘텐츠 조회수가 많지 않으면 혼자 콘텐츠를 만들어 올리는 것만으론 생활을 영위하기 어렵다. 유튜브의 경우 광고 수익을 공유하는 영상 제작자 수는 100만 명을 돌파했지만 연간 1억 원 이상의 수입을 거두는 제작자는 전체의 1%도 안 되는 수천 명에 불과하다.

1인 미디어의 '레드오션'이자 '노다지' 뷰티 콘텐츠 시장

법에 저촉되지만 않는다면 1인 미디어의 주제는 어떤 것이든 될 수 있지만 시청자들의 관심이 쏠리는 분야는 몇 가지로 축약된다. 먹는 모습을 보여주는 '먹방', 게임을 하며 방송하는 '겜방', 화장하는 과정을 보여주는 '뷰티방송'은 시청자의 수요가 크면서 창작자들이 가장 많이 뛰어드는 주제다.

"지금 1인 미디어 시장에서 뷰티 쪽은 굉장한 레드오션이에요. 산업 규모도 크고 성장 가능성이 높아서 뛰어드는 사람이 많죠. 화장은 여자들이 매일 하는 일이다 보니 콘텐츠를 만들기도 어

조회수 11만 회를 기록한 한국과 미국 화장 비교 콘텐츠

렵지 않고요. 그럼에도 다른 주제의 크리에이터보다 성장 속도가 빨라요. 다른 분야에 비해 뷰티 콘텐츠를 보는 시청자들이 훨씬 많은 거죠. 그래서 들어온 지 얼마 안 된 신생 크리에이터도 구독자 만 명, 이만 명을 금방 끌어모을 수 있어요."

그러나 손 씨가 성장 가능성만을 보고 뷰티 방송에 뛰어든 것은 아니다. 학창 시절 용돈의 절반 이상을 화장품을 사는 데 쓰곤 했다는 그녀는 남다르게 키워 온 취미를 주제로 콘텐츠를 만들었기에 뷰티 크리에이터를 업으로 삼을 수 있었다고 말한다.

"고등학생 때부터 화장에 관심이 많았어요. 제가 눈썹이 없거든요. 선생님 몰래 눈썹을 그려야 하니까 자연스럽게 그리는 법을 연구하게 되고 그러다 보니 피부도 깨끗하게 표현하고 싶고 눈 화장도 예쁘게 하고 싶고 하면서 점점 화장이 취미가 됐어요. 관심을 갖고 하다 보니 화장 잘한다는 소리도 많이 듣고 친구들이 메이크업 관련해서 질문이 있으면 가장 먼저 저를 찾더라고요. 이걸 나만의 콘텐츠로 만들면 재밌겠다고 생각했죠."

손 씨가 정작 취업 준비를 하고 일반 직장에 다닐 땐 이 좋은 취미를 살릴 길이 없었다. 직장 안에서 '진한 화장'이 야기하는 잘못된 오해나 편견이 싫어 '외모를 꾸미는 건 악'이라고 생각했던 것이다. 그녀는 방송을 하고 난 후부터 자신만의 특기를 되살릴 수 있었고, 그래서 자존감도 부쩍 올라갔다. 쓸데없고 불필요한 능력이라고 생각했던 '화장 기술'이 뷰티 콘텐츠 시장에서는 매우 큰 장점과 강점이 됐기 때문이다.

"요즘 취업도 어렵고 취업을 한다고 해도 미래가 불투명한 시대잖아요. 장기적으로 봤을 때 자기 것을 갖고 있고 강점으로 내세울 수 있는 아이템이 하나 있다는 건 오래오래 사회에서 영향력을 가지면서 살 수 있는 좋은 방법인 것 같아요. 아직 자기만의 것을 갖고 있지 않다면 한 살이라도 어릴 때 '나만의 아이템'을 개발하는 게 좋지 않을까 생각해요."

06

음지의 장난감, 음란의 누명을 벗다

곽유라 | 플레져랩 대표

성기가 보이지 않도록 동물들에게 옷을 입힌다. 식탁 다리가 드러나는 것은 음란하니 테이블보가 적어도 아래로 20인치는 내려와야 한다. 남자 저자와 여자 저자의 책이 나란히 놓이는 경우는 도서관에서 있을 수 없는 일이다. '유방'이라는 단어 대신 '가슴'이라 부르고 닭 가슴살은 '흰 고기'라고 표현한다. 어머니들은 첫날밤을 앞둔 새 신부에게 말한다. "남편이 하자는 대로 눕기는 하되, 오직 국가만 생각해라."

조선시대 사람들도 혀를 내두를 법한 소설 같은 이야기지만 빅토리아 시대 영국 국민들은 이처럼 '금욕'적인 삶을 강요받았다. 빅토리아 여왕이 과부가 된 후 재가하지 않고 보수적인 성性 문화를 유도하

어덜트 라이프스타일 브랜드 '플레져랩' **곽유라** 대표

면서 빚어진 시대상이다. 그러나 역설적이게도 영국 역사상 창녀와 성범죄가 가장 많았던 시절 역시 빅토리아 여왕의 시대다. 억누르면 억누를수록 가장 어두운 곳에서 곰팡이처럼 번지는 것이 '성 문화'의 특성임을 역사적으로 증명한 셈이다.

왜 한국엔 편안하게 방문할 수 있는 성인용품점이 없을까?

어덜트 라이프스타일 브랜드 '플레져랩'의 곽유라 대표가 창업을 결심한 것도 대한민국의 보수적인 성 문화 탓에 음지로 숨어든 '섹스토이' 문화에 대한 갈증 때문이었다. '보편적인 섹스토이 소비자'였던 곽 대표는 음침한 한국 성인용품 시장에 늘 불만을 갖고 있었고, 이는 자연스레 한 가지 질문으로 이어졌다.

> "섹스토이에 관심이 생겼는데 한국에서는 살 데가 없는 거예요. 성인용품 숍들이 전부 어두컴컴한 골목에 위치해 있고 들어가기도 겁나게 생겼잖아요. 게다가 가게에 있는 기기들이 인체에 무해한 제품인지 알 도리도 없었거든요. 언젠가부터 이런 의문이 들더라고요. '어째서 한국엔 편안하게 방문할 수 있는 섹스토이 숍이 없을까?'"

'성 문화'를 왜곡시킨 유교의 그늘, '정욕의 나라' 대한민국

'남녀칠세부동석', 보수적인 한국 성 문화의 기원을 잘 드러내는 단어다. 남녀 혼탕이 대중적이었고 속옷을 내보이는 것이 대수롭지 않던 고려시대의 개방적인 성 문화를 단번에 '문란한 생활'로 만든 것은 조선의 유교사상이었다. 고려의 패망 원인을 개방적인 성 문화로 돌려 왕권을 강화하고 양반의 지위를 유지하기 위해서였다.

남녀가 한자리에 앉는 것조차 불경스러웠던 시대는 역사의 뒤안길로 사라졌지만 유교 이념의 뿌리는 끝까지 살아남아 성 문화를 '상스럽고 부끄러운 것'이라 여기는 보수적인 한국 사회를 낳았다.

빅토리아 여왕 시대의 역설은 유교적 성문화로 왜곡된 우리나라에서도 재현됐다. 성 담론 앞에서 짐짓 점잖은 체하지 않으면 '문란하다'는 꼬리표가 붙는 사회 분위기는 해가 들지 않는 음지에 키스방, 안마방 같은 변종 퇴폐업소들을 무럭무럭 키워냈다. 국민들이 포르노 산업에 소비하는 돈 역시 세계 최고 수준이 되면서 영국 국영방송 BBC가 대한민국을 '정욕lust의 나라'로 선정했을 정도다.

이와 동시에 '간판만 봐도 남사스러운' 성인용품 판매점이 번화가가 아닌 으슥한 골목길에 자리 잡았고 출처도 모를 수상한 물건들이 판매되기 시작했다.

건강한 성 문화의 시작 '즐거운 장난감'

"아직도 한국 사회에는 성욕이라는 말 자체를 부정적으로 받아들이는 사람이 많잖아요. 그런데 식욕, 수면욕처럼 성욕은 가장 기본적인 욕구거든요. 그게 이상한 게 아닌데. 그래서 누구나 자신의 성욕에 대해 편하게 이야기할 수 있는 공간이 없다는 게 답답했죠."

곽 대표가 폐쇄적이고 음침한 섹스토이 문화의 답답함을 가장 먼저 털어놓은 건 친구들이었다. 놀랍게도 친구들 역시 그녀와 같은 생각을 하고 있었다고 했다. 그렇게 '밝고 건강한' 섹스토이 숍을 만

플레져랩 합정점과 가로수길점 전경

들어보자는 의견이 모아졌고 곽 대표는 2015년 8월 서울 번화가의 상징인 합정과 신사동 가로수길, 그리고 온라인에 '플레져랩'의 문을 열었다.

"남의 눈치를 보지 않고 자기 안에 잠재돼 있는 호기심과 즐거움을 마음껏 누릴 수 있는 공간을 만들고 싶다는 게 제 목표였어요. 섹스토이는 그 수단인 거고요. '플레져pleasure'가 '즐거움', '유희'

잖아요. '나의 즐거움을 연구하는 곳'이라는 의미를 담아 이름을 '플레져랩Pleasure Lab'이라고 지었어요. 말 그대로 '기쁨 연구소'죠."

마치 디자인 제품 전시장에 온 듯한 느낌을 주는 플레져랩의 밝고 세련된 매장 인테리어는 섹스토이 숍을 '뒷골목의 수상한 성인용품 가게'에서 '호기심이 생기는 공간'으로 변모시켰다.

플레져랩은 '건강한 성 문화'를 표방하는 업체답게 제품을 고를 때 깐깐한 안전기준을 적용한다. 몸에 직접 닿는 물건이기 때문에 의료용 실리콘을 사용했는지, 전자기기의 경우 유럽 전자파 테스트 검사를 거쳤는지 등을 직접 확인하고 물건을 들여온다. 음지의 '불경한 성인용품'을 양지의 '즐거운 장난감'으로 끌어올리기에 꼭 필요한 절차다.

디자인 제품 같은 섹스토이들이 진열된 플레져랩

양지로 나온 섹스토이 산업, 소비자들 "환영"

즐거움을 추구하는 건강한 성 문화를 만들기 위한 곽 대표의 실험에 소비자들은 어떻게 응답했을까.

"처음에 창업하겠다고 했을 땐 말리는 사람이 많았거든요. 민망해서 아무도 사러 오지 않을 거라고 하면서요. 지금은 다들 '창업 잘했다'고 해요. 처음 시작할 때보다 매출이 3~4배는 늘었고 지금도 꾸준히 오르고 있거든요. 단골 고객도 많이 생겼고요."

쏟아지는 주문과 관심만큼 고객층도 다양하다. 20~30대가 주를 이룰 것이라는 예상과 달리 40~50대를 비롯, 많게는 70~80대까지 플레져랩의 문을 두드린다. 번화가에 있는 매장에 오기 힘들거나 온라인 주문을 어려워하는 고령 고객을 위해 전화 주문 시스템을 마련했을 정도다.

"지난달엔 '블랙프라이데이' 할인 행사를 했어요. 홍보를 크게 하지도 않았는데 소문이 났나봐요. 오픈하기 한두 시간 전부터 매장 앞에 사람들이 줄을 서서 기다리고 있더라고요. 게다가 서로 모르는 사람들이 저희가 판매하는 섹스토이에 대한 정보를 주고받고 있는 거예요. '즐거움에 대한 열정'이 플레져랩을 통해 실현되고 있다는 생각에 크게 감동받았죠."

글로벌 섹스토이 산업 규모

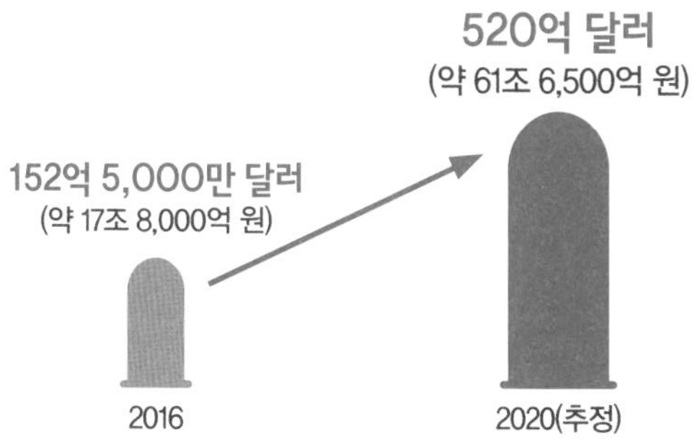

자료: 스태티스틱브레인, 《마켓워치》 통계

업계에서 추정하는 우리나라 성인용품 판매 산업 규모는 1,000억 원대다. 찾는 소비자가 늘면서 점차 몸집을 불리고 있는 모양새다. 한국뿐 아니라 전 세계적으로 '섹스토이 산업'은 유례없는 속도로 성장하고 있다. 글로벌 통계 정보 사이트 '스태티스틱브레인Statistic Brain'은 2016년 초 전 세계 섹스토이 산업 규모를 연간 152억 5,000만 달러(약 17조 8,000억 원)로 집계했다. 《마켓워치Market Watch》는 세계 섹스토이 시장 규모가 2020년까지 520억 달러(약 61조 원)로 불어날 것으로 내다볼 정도다.

여전히 깜깜한 어둠 속 규제와 관리체계

이처럼 성 문화에 개방적인 서구 문화 유입으로 우리나라에서도 성인용품 소비자가 급속도로 늘고 있지만 문제는 규제와 안전관리

체계가 어둠 속에서 나올 생각을 않고 있다는 것이다.

"성인용품 판매점에는 청소년 출입불가 표시를 꼭 해야 해요. 얼굴이 어려보이는 고객이 오시면 양해를 구하고 신분증 검사를 해야 하죠. 온라인 몰에도 공공 아이핀으로 성인임을 인증하는 창을 달아야 하고 포털 사이트 광고도 금지돼 있어요. 누구를 위한 법인지 모르겠지만 오히려 연령대가 있으신 분들이 구입을 너무 어려워하셔서 그게 문제인 것 같더라고요."

현행법상 성인용품점은 관할구청 등의 인허가를 받지 않아도 영업할 수 있는 자유업종에 속한다. 그러나 이유를 알 수 없는 규제가 많아 업계 종사자들이 곤란한 상황에 처하는 경우가 많다.

우선 해외에서 들여오는 성인용품은 심의위원회를 거쳐 통관이 허용돼야 수입할 수 있다. 미풍양속을 해치는 물품이라 판단되면 통관

수입 성인용품 통관 절차

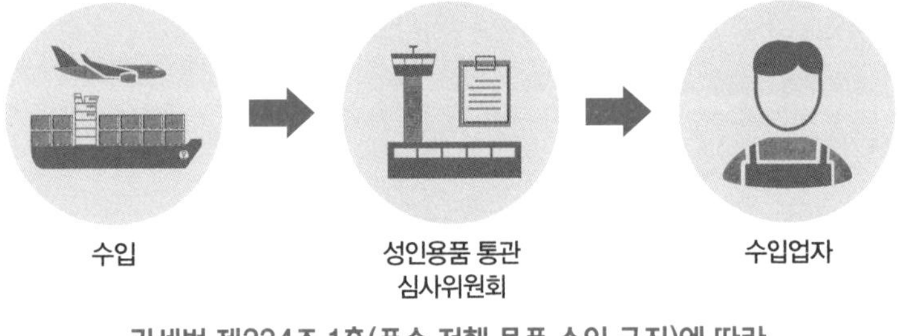

관세법 제234조 1호(풍속 저해 물품 수입 금지)에 따라
성인 자위용품 통관을 원칙적으로 보류

이 보류돼 물건을 받을 수 없다는 얘기다. 관세청은 "자위기구 등의 전면 수입을 허용하면 이에 대한 부정적 여론이 형성될 수 있다"고 금지 이유를 밝히고 있다.

이밖에도 성인용품업은 각종 신용기금의 융자 제외 업종에 포함돼 있는 것은 물론이고 온라인 광고 루트도 없다. 포털에서 자위기구가 등록된 쇼핑몰의 광고를 금지하고 있기 때문이다. 지난 2013년에는 남성용 자위기구를 진열했다는 이유로 성인용품점 운영자가 기소되기도 했다.

성인용품 산업을 관리하는 주무부처가 없다는 점도 큰 문제다. 성인용품 산업이 음지로 숨어들어 불법 제품이 음성적으로 거래되고 있지만 관리·감독 기관이 없다보니 안전 기준도 존재하지 않는다. 애초에 '성인용품'은 산업 표준 분류에도 들어가지 않아 판매업자들이 완구를 파는 '문구업종'으로 등록해 영업을 하고 있는 상황이다.

지난 2014년 소비자원이 보건복지부에 성인용품에 대한 안전기준을 마련해달라 건의했지만 2년이 훌쩍 지난 지금도 정부는 "업무를 담당하는 부서가 없다"는 답만 내놓고 있는 실정이다.

성 문화의 그늘을 비추는 한 줄기 빛, 섹스토이

정부가 성인용품 산업 관리에 손 놓고 있는 사이에도 섹스토이는 '건선한 성 문화'를 만드는 데 일조하고 있다.

"남성 손님들 중에 장기 출장을 가기 전에 들러서 자위용품을 구매해가는 분들이 계세요. 외도를 하거나 성매매 업소에 가는 대신 건강하게 성욕을 풀 수 있는 방법을 찾은 거죠. 임산부들의 경우에는 남편의 욕구를 충족시켜주고 싶은데 방법을 모를 때 많이 찾아오세요. 돈을 주고 성을 사거나 가정이 있는데 바람을 피우는 게 올바른 성 문화는 아니잖아요. 이럴 때 섹스토이가 건강한 해결책이 될 수 있는 거죠."

알록달록 색색의 성인용품이 가득한 아름다운 공간에서 곽 대표의 섹스토이 예찬론을 듣고 있자니 1977년 개봉한 로맨스 영화 〈애니 홀Annie Hall〉의 한 장면이 겹쳐진다. 우디 앨런Woody Allen이 연기했던 주인공 앨피 싱어Alvy Singer는 영화에서 이런 말을 했다.

"이봐요. 자위를 비난하지 말아요. 그건 제가 사랑하는 누군가someone와의 섹스란 말예요."

07
"게임은 누구에게나 평등하다" 장애인이든 비장애인이든

박비 | 모두다 대표

"저 생각납니다. 2016년 최고의 매출이 나왔던 날, 대표님께서 사랑한다고 해줬던 것이요. 저도 한 멤버로서 동참할 수 있었다는 것이 얼마나 기뻤는지 말하고 싶습니다. '모두다'에 소속되면서 개인적으로 신기한 건 직장에서 새로운 인연, 인맥, 우정을 형성해간다는 점이에요. 제가 사교성이 없다 보니 신기하게 느껴지나 봐요. 앞으로도 계속 모두다와 함께하고 싶습니다."

2016년의 마지막 날 모두다 멤버들에게 도착한 이메일 한 통으로 카페가 한바탕 눈물바다로 변했다. 편지의 주인공은 '아스퍼거 증후

인터뷰 보러 가기

게임으로 발달장애인 사회 적응을 돕는 '모두다' **박비** 대표(왼쪽)와 게임대장 **이재윤** 씨(오른쪽)

군'을 가지고 있는 조준희 씨다. 아스퍼거 증후군의 대표적인 증상은 '의사소통과 공감능력의 부족'이다. 이런 준희 씨가 한 글자 한 글자 정성들여 쓴 편지엔 함께 일하면서 느꼈던 고마움과 미안함이 고스란히 묻어 있었다.

발달장애인을 둘러싼 사회적 장벽을 '게임'을 통해 허무는 공간 '모두다'는 박비 대표가 5년간 다니던 게임회사를 그만두고 2015년 만든 소셜벤처다. 서울 홍대와 서울숲, 성수동 등 세 곳에 장애인과 비장애인이 함께 보드게임, 콘솔게임(비디오게임) 등을 즐길 수 있는 공간을 운영하고 있다.

"저희의 모토가 '게임에는 장애가 없다'예요. 발달장애인들과 함께 게임을 하면서 그들이 좋아하는 일을 찾도록 도와주는 기업이죠. 장애가 있기 때문에 한계가 있다는 고정관념을 깨고 장애가 있어서 더 잘할 수 있다는 걸 사회에 보여주는 게 저희의 목표입니다."

손가락 지문이 닳아 없어질 정도로 게임을 즐겼던 아버지를 닮아 소문난 '게임 덕후'라는 박 대표는 초등학생 때 처음 게임을 접한 후로 PC, 모바일, 콘솔, VR 등 안 해본 게임이 없단다. 그런 그녀가 왜 좋아하는 일을 업으로 삼을 수 있는 직장을 그만두고 발달장애인을 위해 발 벗고 나서게 됐을까.

발달장애인이 마주하는 첫 번째 장벽, '편견'

"창업을 하기 전 우연한 기회로 발달장애인들이 생활하는 사회복지기관에 봉사활동을 갔어요. 제가 게임을 좋아하니까 여러 명이 같이 볼링을 칠 수 있는 콘솔게임기를 가져갔는데 열기가 프로리그 결승전 못지않았어요. 너무 즐거워하시더라고요. 누군가와 함께 뭔가를 즐길 수 있는 기회가 많이 없으니까요."

발달장애인들은 친구를 만들기가 쉽지 않다. 상대방의 감정을 읽

인포그래픽으로 보는 발달장애인의 삶

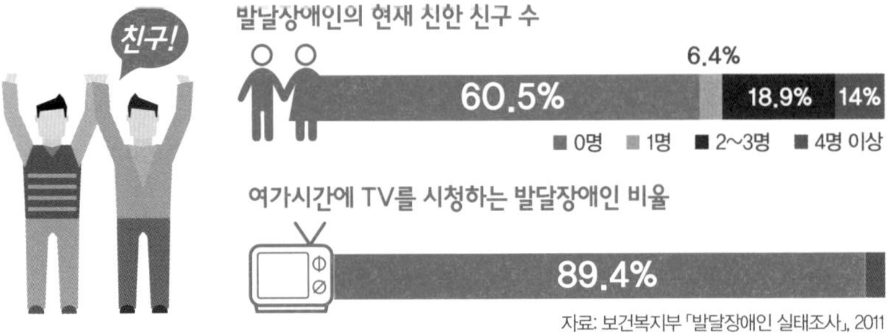

자료: 보건복지부「발달장애인 실태조사」, 2011
「장애통계연보」, 2014

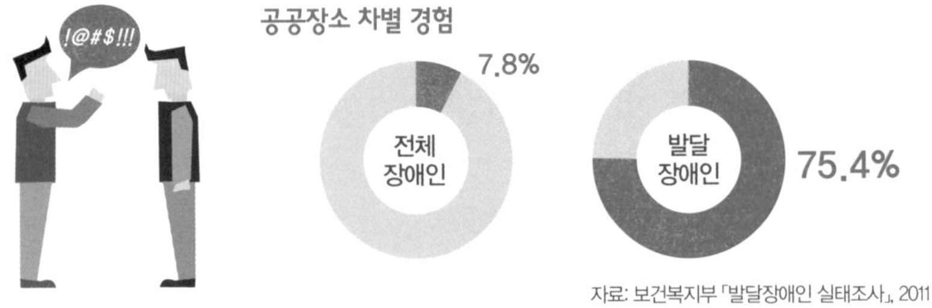

자료: 보건복지부「발달장애인 실태조사」, 2011

고 의사를 전달하는 데 어려움을 겪기 때문이다. 보건복지부의 2011년 실태조사에 따르면 발달장애인의 60.5%가 '친한 친구가 한 명도 없다'고 답했을 정도다. 함께할 친구가 없다보니 이들이 즐길 수 있는 문화생활이라곤 'TV시청'뿐이다. 발달장애인의 90%가 집에서 혼자 TV를 보며 여가시간을 보낸다.

발달장애인을 세상 밖으로 나오지 못하게 가두는 건 장애에 대한 '오해'와 '편견'이라고 박 대표는 말한다. 실제로 발달장애인들은 편견으로 인한 '차별'을 다른 장애인보다 훨씬 많이 겪는 것으로 나타났다. 전체 장애인의 7.8%만이 식당 등의 공공장소에서 차별을 경험한 데 반해 발달장애인의 경우 무려 75.4%가 '차별 받은 적이 있다'고 답했다.

박 대표는 편견이 생기는 이유를 '만나보지 않아 서로에 대해 잘 모르기 때문'이라 판단했다. 그렇게 나온 해법이 모두가 어울려 게임을 즐길 수 있는 공간 '모두다'다.

"비장애인들이나 장애인 보호자 분들이 똑같은 걱정을 해요. '(발달장애인이) 해코지를 하면 어떻게 하느냐.' 주변에 발달 장애를 가

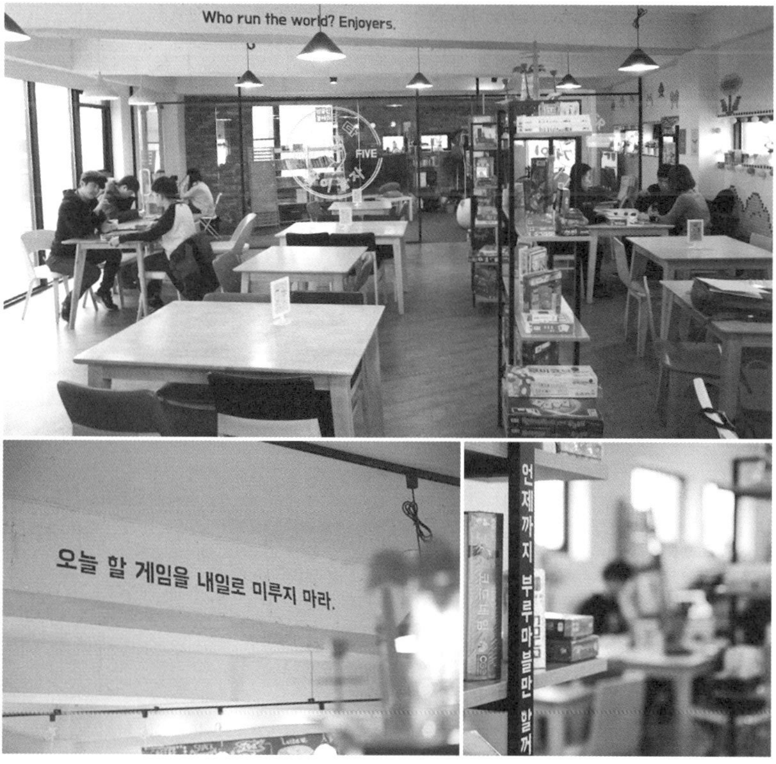

홍대에 위치한 모두다 게임 공간

진 사람이 없으면 그렇게 생각할 수 있겠더라고요. 저도 그런 고정관념을 가지고 있었던 때가 있었고요. 경험해보면 전혀 사실이 아니거든요. 그렇다면 장애와 비장애 혹은 장애와 장애가 만나 접점을 가질 수 있는 공간을 만들어보자는 결심을 하게 된 거죠."

모두다에는 한 가지 규칙이 있다. '다른 사람에게 피해를 주면 공간을 이용할 수 없다'는 규칙이다. 하지만 지금까지 이 룰을 어긴 사람은 단 한 명도 없다.

'실업', 두 번째 장벽을 '모두다'로 허물다

'정서적 교류가 불가능할 것'이라는 편견을 넘은 발달장애인이 마주하게 되는 두 번째 벽은 '실업'이다. 부모의 품을 벗어나 사회성을 기르고, 더 나아가 자립에 이르기 위해선 취업이 필수적인데 발달장애인의 현실은 녹록지 않다. 2014년 발달장애인 취업률은 21.6%. 전체 장애인 취업률 35.5%에도 못 미치는 수치다. 힘들게 얻은 일자리를 유지하는 것 역시 발달장애인에겐 쉽지 않다. 전체 장애인 평균 근속년수가 9.3년인 데 반해 발달장애인은 1년을 넘지 않는다.

"예를 들면 바리스타로 일자리를 얻은 장애인이 업무시간에 커피를 뽑는 일은 많지 않아요. 오히려 다른 직원이나 고객과 소통해야 하는 상황이 더 많죠. 거기에 익숙해지기까지 오랜 시간과

발달장애인의 취업자 비율과 근속 기간

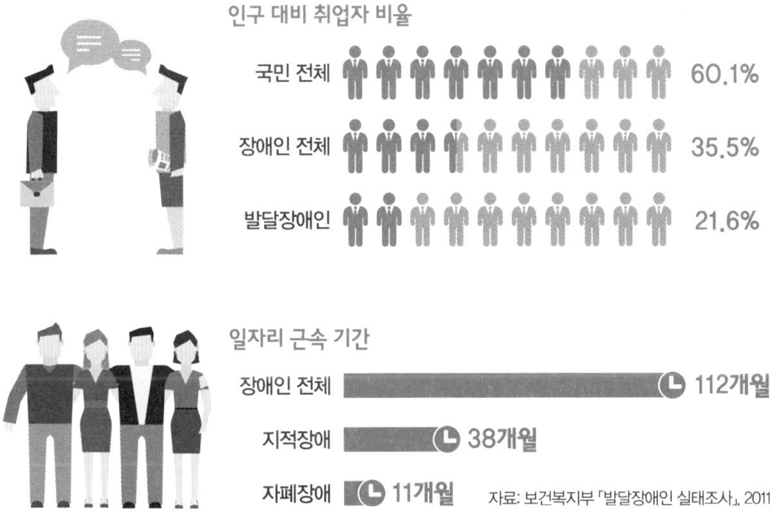

많은 노력이 필요하고요. 그래서 고용주들이 발달장애인을 채용하는 것을 꺼려요. 저희는 '게임화gamification' 방식을 통해 그들이 잘할 수 있는 일을 찾도록 도와주려고 해요."

'게임화'는 '게임 요소를 비게임적인 맥락에 적용해 몰입하게 만드는 것'을 말한다. 출석체크, 구매 실적 등 사이트 방문자의 활동 정도에 따라 점수를 매겨 공개하는 '게임화 마케팅'이 그 예다. 모두다는 게임이 가진 '동기부여', '흥미 유발' 특성을 통해 발달장애인들이 자신이 가진 강점을 찾아내고 좋아하는 일을 오래 할 수 있도록 돕고 있다. 발달장애인을 '게임 대장(고객에게 게임을 추천하고 규칙을 알려주는 사람)'으로 고용해 함께 일하는 것이 그 일환이다. 현재 모두다를 끌어가고 있는 멤버는 9명. 이 중 4명이 정규직이나 파트타임으로 일하고 있는 발달장애인이다.

모두다의 2015년 활동 이모저모

모두다에서 일하는 게임대장 이재윤(왼쪽) 씨, 민윤기(가운데) 씨와 박비(오른쪽) 대표

"장애 직원들에게 가장 필요한 게 불특정 다수와의 접점, 기대하지 못한 사건의 발생 같은 것들이거든요. 늘 만나는 사람만 만나고 똑같은 일만 생겨서는 사실 비장애인도 성장을 하거나 변화를 기대하기 어렵잖아요. 반면 '모두다' 공간의 장점은 손님으로 누가 올지 모른다는 거예요. 비장애 고객들도 장애 멤버들의 도움을 받으면서 '내가 장애인에게 도움을 받을 수도 있구나', '저 사람은 원래 저렇게 말을 하는구나' 하는 경험을 할 수 있고요. 그렇게 서로에 대해 이해하게 되는 거예요."

모두다의 직원인 발달장애인 이재윤 씨. 아르바이트를 구하던 중 부모님의 추천으로 모두다의 게임대장이 됐다. 여태 친구가 별로 없어 게임은 물론이고 공부도 혼자 했다고 말하는 민윤기 씨는 성수동의 모두다 게임공간에서 보드게임을 처음 접했다고 했다. 그곳에서의 인연이 계기가 돼 모두다의 멤버가 된 그는 일하면서 다른 사람들과 함께 놀고 어울리는 방법을 많이 배울 수 있어 좋다고 말한다.

"제가 흥이 많은 스타일이라서 손님들이 좋아해주시니까 일하는 게 너무 좋아요. 손님들 오시면 웃음으로 인사하고 설명도 해주고. 제가 좋아하는 게임이 많다보니까 더 재밌게 일하고 있어요."

발달장애인들에게 직장이 주는 경제적 안정감을 넘어 공동체적 정서를 공유해주고 싶다는 박비 대표는 말한다.

"저희 멤버들은 제가 회사를 좋아하는 것보다 훨씬 더 회사를 좋아하고 일에 대한 동기부여가 정말 강해요. 퇴근하라고 해도 퇴근하기 싫어하는 멤버도 있고 주말, 공휴일 가릴 것 없이 나오는 분도 계세요. 이분들에게 '모두다'는 급여를 받고 생계를 유지하는 수준을 넘어 자아를 실현하는 공동체인 거예요. 이렇게 좋은 일, 오래오래 하고 싶다는 마음뿐이죠."

08

험난한 소셜벤처의 길 걷는 이유? "사회에 진 빚 갚기 위해"

김단비 | 비어스웨딩 대표

취업을 위한 스펙 쌓기에 몰입하는 나이, 대학교 3학년. 그녀는 다문화가정 아동들에게 독서지도를 해주는 봉사활동 중이었다. 결혼식 이야기 책을 읽던 한 아이가 입을 열었다. "우리 엄마, 아빠는 결혼식을 올린 적이 없어요." 6개월 후 아이는 부모님이 이혼해 이제 엄마를 보지 못한다며 닭똥 같은 눈물을 뚝뚝 흘렸다. 그녀가 '누구나 쉽게 결혼식을 할 수 있는 세상'을 꿈꾸게 된 것은 그때부터였다.

결혼시장 정화를 목표로 하는 소셜벤처 '비어스웨딩'

그게 작고 착한 결혼식을 만드는 기업 '비어스웨딩Beus Wedding'의 시작이었다. 비어스웨딩은 김단비 대표가 '한국의 결혼시장을 정화하고 가격 정보 장벽을 없애겠다'는 사회적 미션을 가지고 설립한 소셜벤처다. 비어스웨딩의 비즈니스 모델은 '작은 결혼식'을 원하는 예비 부부들에게 저렴하지만 특별한 결혼식을 만들어주고 수익을 거두는 것이다. 번 돈의 일부는 1년에 두 차례 취약계층을 위한 '꿈의 결혼식'을 올리는 데 쓰고 있다.

인터뷰 보러 가기

'작은 결혼식'으로 결혼시장 정화 꿈꾸는 '비어스웨딩' **김단비** 대표

"다문화가정 아이들과 이야기를 나누면서 가정생활에 문제가 많다는 걸 알게 됐어요. 부모님이 어떻게 지내는지 물어보면 모든 아이들이 '자주 싸운다'고 대답하거든요. 그리고 항상 나오는 얘기가 '우리 부모님은 결혼식을 안 했다'였어요. 제가 그들의 가정 문제를 다 해결할 순 없겠지만 '결혼식'만큼은 해줄 수 있겠다 싶어서 이 일을 시작하게 됐죠."

다문화가정과 취약계층이 꿈도 못 꾸는 한국의 결혼시장

두 사람이 만나 남은 일생을 함께할 것을 많은 사람들 앞에서 선언하는 이벤트 '결혼식'. 혼인의 상태를 사회적으로 인정받는 필수 절차라는 인식 때문에 한국에선 식을 올리지 않고 사는 부부를 찾기 힘들다.

우리나라 신혼부부 평균 결혼식 비용

자료: 한국소비자원 「결혼비용 실태 및 소비자인식 조사」, 2013

문제는 '하루 하는 잔치'치곤 비용이 엄청나다는 것이다. 실제로 한 웨딩컨설팅업체의 「2016 결혼비용 실태보고서」에 따르면 신혼부부들이 결혼 예식에만 평균 2,081만 원을 쓰는 것으로 나타났다. 하루 벌어 하루 먹고살기 벅찬 이들에겐 그야말로 '허리 휘게 하는 행사'인 셈이다.

비어스웨딩은 예식장 대신 레스토랑, 펍 등의 유휴공간을 활용하고 프리랜서 사진작가, 메이크업 아티스트를 쓰는 방식으로 결혼식

비어스웨딩에서 진행한 작은 결혼식

비용을 획기적으로 줄였다. 지난 2년 간 김 대표의 손을 거쳐 식을 올린 부부 60쌍의 결혼비용은 평균 500만 원 선이다. 이 가운데 30~40%가 다문화가정 등의 취약계층이다. 여기서 나온 수익금으로 비어스웨딩은 지금까지 세 쌍의 취약계층 부부에게 '꿈의 결혼식'을 선물했다. 김 대표는 특히 두 번째 꿈의 결혼식이 가장 기억에 남는다고 했다.

"주인공이 베트남 신부님이었어요. 한국에 온 지 5년이 넘었고 아이도 있는데 그동안 친정 부모님을 한 번도 못 뵀다고 하더라고요. 결혼식을 하면 초청비자 발급이 가능하거든요. 그렇게 결혼식장에서 5년 만에 부모님을 만난 거죠. 식장이 울음바다가 됐어요. 저희도 함께 눈물을 흘렸고요. 그때를 계기로 이 '꿈의 결혼식'은 절대 끝내지 말고 계속 해야겠다' 결심했어요."

평범한 취준생이 '소셜이노베이터'가 된 이유

경영학을 전공한 김 대표는 비어스웨딩을 창업하기 전엔 결혼식과 거리가 먼 평범한 대학생이었다. 그녀는 스스로를 그저 남들보다 조금 더 '사회적기업'에 관심이 많았던 전형적인 모범생이었다고 말한다.

"대학교 1학년 때부터 사회적기업 연구를 많이 하신 교수님의 영향을 많이 받았어요. 책도 찾아서 읽고 관련 단체에 대해 조사도 많이 했죠. '이런 일을 하는 사람들은 얼마나 멋진 사람들일까'하는 생각이 들더라고요. 그때부터 봉사활동을 많이 했어요. 경영학과라는 특성을 살려 청각장애인들과 카페를 운영해보기도 하고 탄자니아 여성들이 만든 나무 바구니를 팔기도 했죠."

그러나 이때까지만 해도 김 대표의 활동은 '봉사' 차원에 머물러 있었다. 사회적기업에 매력을 느꼈지만 '내 일'은 아니라고 생각했고, 남들처럼 취업 준비에 열심인 시절도 있었다. 그런 그녀가 '사회적기업가'로서의 삶을 선택하게 된 건 봉사를 하면서 자연스레 생긴 '사회로부터의 빚' 때문이었다고 한다.

"취약계층을 돕는 프로젝트를 하나씩 하다 보니까 저도 모르게 성과가 조금씩 생기더라고요. 그렇게 '꿈의 결혼식'도 시작하게 된 거고요. 결혼식을 하려면 돈이 필요하니까 자금 지원사업을 신청했는데 '청년허브 지원사업', '사회적기업가 육성사업'에 선정이 된 거예요. 수천만 원의 돈을 준다는 건 사회에서 저에게 그만큼 기대하는 게 있다는 거잖아요. '피 같은 세금으로 지원을 해주니 두세 배의 몫은 해야겠다'는 책임감이 생겼어요. 그래서 목숨 걸고 창업을 시작했던 것 같아요."

사회 문제를 해결하는 동시에 수익도 창출해야 하는 험난한 길 '소셜벤처'. 지금도 늦지 않았으니 취업을 할 생각이 없느냐는 질문에 김 대표는 '고민을 안 해본 건 아니다'라고 솔직하게 털어놓는다.

김단비 대표와 함께 비어스웨딩을 이끌어가는 멤버들

"사실 소셜벤처 창업이란 게 쉽지 않잖아요. 24시간 일을 하는 기분이라 월급 받으며 퇴근 후의 삶을 살고 싶다는 생각을 안 하는 건 아니에요. 그런데 어떤 대표님이 이런 얘기를 하더라고요. 우리는 지금 '삼겹살'을 먹고 있고 취직을 하는 건 '흰 쌀밥'을 먹는 거라고. 삼겹살을 먹던 사람이 쌀밥만 먹고 살 수는 없다는 거죠. 힘들 때마다 항상 상기해요. '난 지금 맛있는 삼겹살을 먹고 있으니 굽는 게 힘들어도 열심히 구워 먹고 우리 사회를 위해 살아야겠다'고."

09
아이의 안전 위해 우유 장난감 만든 여성 창업가

류정하 | 카우카우 대표

'단군 이래 창업하기 가장 좋은 시대'

정부 지원이 넘쳐나고 누구나 쉽게 사업을 시작할 수 있는 요즘 창업시장을 일컫는 말이다. '사업하면 3대가 고생한다'고 했던 예전과 달리 요즘은 창업을 응원하고 장려하는 사회 분위기가 생길 정도다. 이 같은 창업 열풍은 대학가에도 고스란히 옮겨져 '대학생 사장님'들이 전례 없는 속도로 늘고 있다. 2012년 407명이던 학생 창업자는 3년 만에 967명으로 2배 이상 불었고 학생이 대표를 맡고 있는 기업 수도 2015년 790개를 넘어섰다.

그러나 이런 유례없는 대학생 창업시장의 범람에 우려의 목소리도 만만찮다. 그렇지 않아도 생존율이 바닥을 기는 창업시장에서 자

우유를 이용한 친환경 DIY 장난감 만드는 '카우카우' **류정하** 대표

본과 경험, 네트워킹 등 사업의 필수요건이 일천한 대학생의 경우 성공은커녕 제대로 된 사업을 시작하기도 힘들다는 것이다. 그래서 많은 전문가들은 "조직에서 사회생활을 경험한 후 창업을 하는 게 바람직하다"며 대학생들의 창업을 만류한다.

하지만 창업에는 100% 정답도, 오답도 없는 법. 청년들의 유연한 사고방식과 도전정신을 살리면서 학생 창업의 함정을 피할 수 있는 방법은 없는 걸까. 졸업 전 창업전선에 뛰어들어 친환경 장난감을 만드는 소셜벤처를 일구고 있는 류정하 카우카우 대표를 만나 그녀의 창업 이야기를 들어봤다.

'아이디어'보다는 '문제'에 집중하라

'카우카우'는 '모든 아이들이 안전하고 행복한 환경을 만드는 것'을 목표로 친환경 DIYDo it yourself 교육키트를 제작하는 소셜벤처다. 우유분말 등 아이들에게 100% 무해한 재료로 된 조립용 키트 장난감을 만들고 있다. 이 장난감들은 다양한 놀이 교육에 활용된다.

카우카우를 이끌고 있는 류 대표는 불과 1년 전만 해도 사회복지학을 공부하던 평범한 대학생이었다. 류 대표가 창업을 처음 결심한 건 2016년 초였다. 봉사활동 중 우연히 일어난 사건이 그녀의 창업 열정에 불을 당겼다.

> "저소득층 아이들을 대상으로 멘토링 봉사활동을 할 때였어요. 클레이(점토) 완구를 활용한 교육을 진행하고 있었는데 아이들 손에서 빨갛게 발진이 일어나는 거예요. 분명히 제품 겉면엔 무독성이라고 적혀 있었거든요. '아이들 몸에 닿는 건데 왜 해로운 물질을 넣었을까' 하는 생각이 들더라고요. 그때였어요. '이 문제를 꼭 해결해보고 싶다'는 욕망이 생겼던 게."

류 대표가 경험한 어린이용품 유해성 문제는 하루 이틀 일이 아니다. 산업통상자원부 국가기술표준원에 따르면 2012년부터 4년간 불법·불량 제품 상위 3대 품목에 아동용 완구가 포함되지 않은 해가 없다. 2015년부터 '어린이제품안전특별법'이 시행되면서 어린이 제품은 의무적으로 안전인증을 받도록 법이 개정됐지만 유해물질이

불법·불량 제품 상위 5대 품목

	2013	2014	2015
1	조명기구	생활화학가정용품	전지
2	완구	전지	완구
3	전기온수기	완구	직류전원장치
4	플러그 및 콘센트	LED램프	생활화학가정용품
5	가정용섬유제품	LED등기구	LED등기구

자료: 산업통상자원부 국가기술표준원

검출되는 어린이 제품 수는 줄지 않고 있다.

류 대표는 해결 방법을 찾아나섰다. 고민을 거듭하던 어느 날 그녀의 눈길을 잡아끈 건 우유가 공급과잉이라는 뉴스 보도였다. '우유로 치즈도 만드는데 클레이 형태 역시 가능하지 않을까' 하는 아이디어가 머리를 스쳤다고 했다.

"그때부터 창업학 수업에서 만난 식품공학과 친구와 오랜 시간에 걸쳐 아이디어를 현실화하는 작업을 했어요. 1년 동안 우유를 가지고 실험을 셀 수 없이 했죠. 결국 해법을 찾아냈고 그 친구와 공동창업을 하게 된 거예요."

대학생 창업자들이 범하기 쉬운 오류 가운데 하나는 '좋은 아이디어만 있으면 성공할 수 있다'는 사고방식이다. 류 대표가 다른 대학생들과 달랐던 건 '아이디어'가 아닌 해결하고 싶은 '문제problem'에 집중했다는 것이다.

"'좋은 아이디어가 있는데, 창업 한번 해볼까'가 아니라 '이 문제는 꼭 해결해보고 싶다'고 생각해서 사업을 시작했기 때문에 여기까지 올 수 있었던 것 같아요. 내가 정말 하고 싶어서 하는 일이니까 유혹이나 난관이 있어도 포기하지 않게 되고요."

정부 지원사업 100% 활용하기

우유를 클레이로 만드는 실험에 성공한 류 대표가 팀을 꾸려 본격적인 사업을 시작한 건 2016년 3월. 시작하는 순간 모든 게 '돈, 돈, 돈'인 창업시장에서 경제력 없는 대학생 둘이 모여 꾸린 사업체가 어떻게 살아남을 수 있었을까.

"아무래도 어린 나이에 창업을 하다 보니까 자금을 조달하기가 굉장히 힘들었어요. 그때 도움이 됐던 게 정부 지원사업이나 창업 경진대회였죠. 감사하게도 상을 몇 번 받게 돼서 상금으로 초기 자금 문제를 해결할 수 있었어요. 제품 키트 구성을 끝낸 뒤에는 크라우드 펀딩으로 제작 비용을 모았고요."

카우카우는 2016년에만 고용노동부가 주최한 '소셜벤처 경진대회'에서 장관상을 수상했고, 매일경제TV의 〈다시 한 번 스타트업〉 프

'2016 소셜벤처 경연대회'에서 장관상을 수상한
카우카우 김영찬 CTO(왼쪽)와 류정하 대표(오른쪽)

로그램에서 1등을 거머쥐었다. 경기콘텐츠진흥원의 '아이디어 용광로' 사업과 한국사회적기업진흥원의 '사회적기업가 육성사업'에도 선발돼 지원을 받고 있다.

"가장 중요한 건 발전하는 모습을 단계별로 보여주는 일 같아요. 저희 제품도 지원사업이나 경진대회들을 통해서 끊임없이 성장했거든요. 아마 초기 제품 보면 놀라실 거예요. 정말 단출했거든요. 선발과정을 거치면서 계속 고민을 한 거죠. 여기에 뭔가가 더 들어가면 좋지 않을까. 소비자들은 어떤 걸 더 원할까. 그런 고민이 도움이 많이 된 것 같아요. 그래서 심사위원들이 카우카우를 좋게 봐주신 게 아닐까 해요."

경험 부족, '소비자'로 메우다

고민과 보완을 거듭한 끝에 완성된 '카우토이' 키트만의 장점은 단순히 '장난감'에서 그치는 것이 아니라 다양한 교육과정을 부모와 아이가 함께 진행할 수 있다는 점이다. 하나의 키트에 퍼즐, 클레이, 워크북 등이 포함돼 어린이집 누리과정의 다섯 가지 영역 전부 교육이 가능하다.

다양한 교육 툴로 구성된 카우토이 키트

'아이들이 입에 넣어도 될 만큼 안전한 장난감', '집에서 여러 가지 놀이교육을 할 수 있는 단 하나의 키트'. 카우카우의 전략은 부모들의 마음을 흔드는 데 성공했다. 2015년 11월 진행한 크라우드 펀딩에서 목표 금액의 354%를 초과 달성한 것이다. 류 대표는 경험에 기대 판단을 내리는 대신 소비자의 목소리 하나하나에 귀를 기울였기에 가능했다고 전했다.

"저는 물론이고 팀원 중에 아이 부모는커녕 결혼한 사람도 없거든요. 그래서 아동 교육 쪽으로 경력을 쌓아 온 팀원을 통해서 50명 정도의 부모님 자문단을 꾸렸어요. 이 분들에게 매달 온라인, 오프라인으로 피드백을 받고 있죠. 그래서 아이 부모의 입장에서 저희 제품에 필요한 게 뭔지, 부족한 게 뭔지 의견을 반영해서 제품을 기획하고 있습니다."

카우카우와 함께 고군분투해오면서 취업 대신 창업을 선택한 것을 한 번도 후회한 적이 없다는 그녀가 창업을 꿈꾸는 또래들에게 전해주고 싶은 이야기는 뭘까.

"내가 월급을 받지 않아도 이 일을 하고 싶다는 마음이 든다면 창업을 추천해요. 내 인생을 걸어보고 싶은 마음이 들 때 도전하는 것만으로도 충분히 아름다운 삶 아닐까요?"

10

5년간 스타트업만 4번…
33살 여성 창업가의 '연쇄 성공' 스토리

이혜민 | 핀다 대표

어떤 질문을 해도 막힘이 없다. 대학생처럼 앳된 얼굴과 표정인데, 사업 이야기 앞에선 진지하게 변했다. 그도 그럴 것이 이번이 벌써 네 번째 창업이란다. 한 번도 어렵다는 사업에 네 번이나 도전해 성공을 이어온 서른세 살의 연쇄창업가 이혜민 '핀다Finda' 공동대표를 서울 구글캠퍼스에서 만났다.

창업 전 이 대표는 대기업 전략기획실에서 신사업개발 업무를 담당했다. 사업계획서를 검토해 투자를 결정하고 성과를 평가하는 일을 맡다 보니 자연스레 스타트업에 대한 관심이 높아졌고, 결국엔 '내 사업'에 대한 욕심도 생겼다고 한다.

인터뷰 보러 가기

온라인 금융상품 비교추천 플랫폼 '핀다' **이혜민** 공동대표

"아무래도 대기업에서 하는 일이다 보니 투자 규모도 크고 장기적으로 진행되는 프로젝트가 많았어요. 전 세계 규모로 사업을 하나 시작하면 작게는 몇십억부터 많게는 몇조짜리를 했으니까요. '큰 그림'을 배우는 건 좋았지만 사업 규모가 크니 진행 속도가 느려서 답답한 마음이 들었어요. 작은 일이라도 '내 사업'을 직접 해보고 싶었죠."

마침 이 대표 수변엔 실제로 창업에 도전해 업계에서 활동하고 있는 지인들이 많았고, 퇴사 전 이들을 통해 스타트업 세계를 간접적으로 경험해볼 수 있었다. 투자 업무를 담당하던 경험을 살려 지인들의 IR(기업설명회) 자료나 피칭(투자 유치를 위한 발표)을 도와줬고, 가끔 경영에 대한 조언도 전했다.

사전 연습은 충분히 했다고 생각한 이 대표는 지난 2011년 스물여덟의 나이에 첫 창업에 도전, '글로시박스'를 설립했다. 서비스를 신청하면 정기적으로 저렴한 가격에 여러 종류의 화장품 샘플을 보내주는 것으로, 국내에선 최초로 등장한 '화장품 큐레이션' 서비스였다. 창업 6개월 만에 손익분기점에 도달하며 성공을 거뒀지만 이 대표는 1년 만에 대표직을 내려놓고 새로운 도전을 시작하기로 마음먹었다.

"첫 사업은 독일의 한 벤처투자회사에서 100% 투자를 받아 시작한 거였어요. 그러다 보니 창업자에게 자율성이 별로 없었죠. 개발팀도 독일에 있어서 의사소통이 불편했고, 사업 방향을 신속하게 바꾸기도 어려웠어요."

'내 사업'임에도 불구하고 창업자의 권한이 제한적이라고 느낀 이 대표는 글로시박스에서 함께했던 세 명의 동업자들과 두 번째 창업에 나섰다. 아이템은 유아용품이었다. 부모들에게서 입소문 난 유아용품을 글로시박스 모델처럼 정기적으로 배송해주는 사업이었다. 서울시와 제휴해 유기농 식재료를 유아식 조리법과 함께 보내주는 서비스도 제공하면서 업계 선두주자로 떠올랐지만, 성장 가능성에 대한 고민이 이 대표의 발목을 붙잡았다.

"유아용품을 보내주는 '베베엔코'의 경우 사업 초기부터 매출이 발생하며 흑자를 내고 있었어요. 하지만 출산모나 어린아이를 키우는 가정만을 대상으로 하다 보니 연간 4만 명 이상의 고객을 만들기는 어려웠죠. 전 조금 더 큰 스케일의 비즈니스 모델에 도전해보고 싶었어요."

이 대표는 신사업개발팀에서 경험했던 '큰 시장'에 도전해보고 싶었다. 때마침 글로시박스를 운영할 때 알고 지냈던 지인으로부터 글로벌 스타트업 운영진으로 동참해 달라는 요청이 들어왔다. 모바일 건강관리 및 다이어트 애플리케이션을 제공하는 미국 스타트업 '눔Noom'의 한국 대표를 맡아달라는 것이었다. 이 대표로선 거부하기 힘든 제안이었다.

"다이어트나 건강이 저 같은 20·30대 여성에겐 항상 화두가 되는 이슈니까요. 주 고객층에 대한 이해도도 높았고 잘할 수 있을 거란 자신이 들었어요. 3개월 정도 테스트를 거쳐 한국과 아시아 시장을 총괄하는 일을 맡았는데, 운영한 지 얼마 안 돼 앱 시장 다운로드 1위도 기록했어요."

이 대표가 바라던 '큰 시장'에 도전하는 일이었지만 여전히 아쉬움이 있었다. 미국에 법인을 둔 회사의 한국 지부 대표다 보니 '내 사업'에 대한 갈증을 해결할 수 없었던 것이다. 이 대표는 2년 반 동안 눔코리아를 잘 운영했으니 이제 내려놔도 될 때라고 생각했다. 마지막 도전이라 생각하고 네 번째 창업 '핀다'를 시작했다.

2017년 4월 문을 연 '핀다'는 개인에게 꼭 맞는 금융상품을 추천해주는 서비스로, 국내 192개 금융기관의 2,000여 개 대출, 투자, 신용카드, 보험상품 등의 정보를 실시간 제공한다. 나이나 연봉, 대출 목적, 금액 등 묻는 질문에 답하면 가장 적합한 대출상품 3개를 추천해주는데, 앞선 세 번의 창업에서 경험했던 큐레이션 기능과 개인 맞춤형 서비스를 발판으로 사업 모델을 구축했다.

5년 동안 네 번의 스타트업에 도전한 이 대표는 쉬는 날 없이 바쁘게 지내다 보니 남편과 여유로운 신혼생활을 즐기기도 힘들고 안정적인 수입을 얻기도 어렵지만, 창업에 도전한 것만큼은 후회가 없다고 말한다.

"대기업에 있을 때 직원 6만 명 중에서 가장 높은 직급에 올라 있는 여성이 누군지 찾아본 적이 있어요. 우리 회사엔 없고 계열사 중 한 곳에 차장님이 딱 한 분 계시더군요. 그때 여성으로서의 한계를 많이 느꼈어요. 안정적인 회사에 계속 있었더라면 지금처럼 성장할 수 있었을까요? 제 생각대로 이끌어갈 수 있는 생활이라, 전 지금이 좋아요."

11

22살에 창업해 '아시아 1위' 만든 여성 "경험과 배움이 창업의 씨앗"

김미균 | 시지온 대표

'청년 창업'이란 말조차 생소했던 2007년. 그보다 더 낯선 단어였던 '사회적 기업(소셜 벤처)'를 차리겠다는 스물두 살의 대학생이 있었다.

그로부터 9년이 지난 2016년. 1년을 채 버티기 힘든 '창업 정글'에서 9년을 살아남았고, 이를 넘어 자기 사업체를 동종 분야 '아시아 1위 기업'으로 성장시킨 여성이 됐다. 사회 경험도 전무했던 사업 '초짜'가 아시아 1위 소셜 댓글 업체 '시지온'을 만들기까지, 그 여정을 김미균 대표를 만나 들어봤다.

진짜 꿈을 찾기 위한 불안한 시간들

김 대표의 원래 꿈은 아나운서였다. 중학교 2학년 때 시사토론 프로그램의 패널로 나간 뒤, 사람 앞에 서서 자기 얘기를 하는 즐거움을 알았다. 그 후 EBS 〈청소년 원탁토론〉 최연소 진행자, 리포터, 작가 등 관련 경험을 쌓으며 방송의 꿈을 키웠다. '신문방송학'을 대학 전공으로 삼은 건 당연했다.

그런 그녀에게 날벼락 같은 소식이 들려왔다. 발음이 새는 문제를 고치려 찾아간 치과로부터 턱뼈가 마모되는 질환을 앓고 있다는 사실을 알게 된 것이다. 그녀는 그래서 꿈을 접어야 했다.

인터뷰 보러 가기

아시아 1위 소설 댓글 업체 '시지온' **김미균** 대표

"어릴 때부터 아나운서만 생각했던 터라 충격이 컸어요. 가벼운 정신병까지 앓을 정도였어요."

그렇게 김 대표는 어린 시절 품어온 꿈을 잃고, '선택적 함구증'이라는 병을 얻었다. 말을 할 수 있음에도 불구하고 특정 상황에선 말을 전혀 할 수 없는 '불안장애'의 일종이었다. 그런데 이 불안한 시간은 김 대표에게 진짜 꿈을 찾게 해준 기회가 됐다.

"그때는 집에만 틀어박혀서 매일 울었어요. 한동안 세상만 원망했는데 6개월 정도 지나니까 나 자신을 돌아보게 되더라고요. '왜 하필 아나운서를 꿈꿨나'에 대한 답을 찾게 됐지요."

스물한 살의 나이에 스스로 찾아낸 해답은 '소통'이었다. '아나운서'란 직업도 결국 '소통'이란 더 큰 가치를 위한 수단이었을 뿐 목적이 아니었다는 사실을 깨달았다고 한다. 그렇게 김 대표는 사람과 소통을 하는 일을 하겠다는 진짜 꿈을 발견했다.

소통을 꿈꾼 사람, '악플'을 '선플'로 바꾸는 걸 업으로 삼다

그 당시 우리 공동체의 또 다른 공간, 인터넷에선 '소통'이 큰 논란거리였다. '악성 댓글'로 상처받은 유명 연예인들의 자살 사건이 잇따라 터지면서 '악플'이 심각한 사회 문제로 대두한 것이다.

"당시엔 악성 댓글 문제가 정말 심각했어요. 지금이야 고소도 하고 대응 방식이 달라졌지만 그때는 사람이 죽고 사는 문제였죠."

'사람과 소통하는 일'을 꿈꿨던 김 대표는 인터넷의 소통 공간이 악플로 더럽혀지고 있는 현실을 개선하겠다는 목표를 세웠다. 처음엔 악플 등 사이버 테러를 해결하는 사이버 수사대나 관련 비정부기구 NGO 취업을 고민했지만 근본적인 해결책으론 부족하다 싶었다. 기술을 통해 댓글을 다는 방식을 아예 바꾸는 게 더 바람직한 해법이라고 판단한 김 대표는 '창업'을 하기로 결심했다. 학내 리더십 동아리에서 함께 활동하던 두 명과 동업해 악플 근절을 위한 사회적 기업 '시지온'을 만든 게 2007년 7월, 김 대표 나이 스물두 살 때의 일이다.

지금이야 '청년 창업'이란 말이 예사말로 쓰이는 시절이지만 그때만 해도 대학생 '초짜'가 자신의 업을 스스로 개척하는 일이 생소했다. 주변의 걱정이 이만저만이 아니었다. 누군가는 '겉멋이 들었다'고 했고, '빚만 지고 망할 것'이란 가시 돋친 지적도 많았다.

"지금은 '취업 대신 창업'이라지만, 그때만 해도 '학생이 무슨 창업이냐'며 말리는 분이 많았어요. 지원정책도 거의 없었죠. 게다가 제 부모님은 사업하다 쫄딱 망하셨던 분들이에요. 고등학교 때까지 온 가족이 빚에 쫓기듯 살았죠. 그렇게 고생하며 '죽어도 사업은 안 한다'고 이를 갈던 딸이 정작 사업을 시작하겠다니 말릴 수 없다는 걸 부모님도 아신 것 같아요."

주변의 반대를 힘겹게 이겨냈지만 아직 넘어야 할 산이 많았다. 같이 일할 사람들을 모아놨지만 연애니, 교환학생이니, 이런저런 이유로 빠져나가기 일쑤였다. 겨우 팀원 구성을 마치면 공간이 문제였다. 학교 근처 신촌을 샅샅이 뒤져 최저가 사무실을 찾아냈지만 월세 30만 원을 낼 돈이 없었다. 결국 카페와 교내 빈 공간을 전전해야 했다.

시지온 사무실 한편에 진열된 상장과 감사패들

"창업하고 2년 반 동안은 정말 한 푼도 못 벌었어요. 직원들 월급은 줘야 하니 밤에는 과외 아르바이트를 뛰고, 하루 24시간도 부족할 정도로 살았어요."

김 대표는 이 기간을 신촌의 한 고시원에서 보냈다. 이런 고생 끝에 탄생한 게 2009년 9월 출시된 '라이브리LiveRe'다. 이 서비스는 평소 사용하는 소셜네트워크서비스 계정을 이용해 다른 포털이나 홈페이지에 댓글을 달 수 있도록 하는 기능을 갖췄다. 자신이 단 댓글이 본인 SNS 계정에 자동으로 재전송되기 때문에 내 댓글을 주변 사람들이 볼 수 있다. 주변 사람들을 의식해 착한 댓글을 달 수밖에 없도록 유도한 것이다. 이런 방식의 '소셜 댓글' 서비스는 국내에선 라이브리가 처음이다.

당시는 해외에서도 '소셜 댓글'이란 개념이 보편적이지 않았던 시절이었다. 초반에는 서비스를 알리는 데 어려움이 많았다고 한다.

"라이브리가 출시되고 난 뒤 약 10개월간은 닥치는 대로 '영업'을 하고 다녔어요. 악플 문제로 댓글 게시판을 닫아버린 언론사를 찾아가 '우리 서비스를 이용해보면 어떻겠냐'고 설득했죠."

그러다 우연한 기회로 한 정치인과 연이 닿으며 판로가 뚫리기 시작했다. 한번 물꼬가 터지자 다른 회사에서도 주문이 이어졌다. 출시 일 년 만인 2010년 말엔 손익분기점도 넘겼다. 2016년 현재 시지온과

제휴를 맺은 고객사는 총 1,056곳이다. 라이브리 서비스를 이용하는 사이트만 22만 개에 달한다. 시지온은 중국 진출도 앞두고 있다.

2009년 사업자 등록 이후 시지온의 역사 및 수상 내역

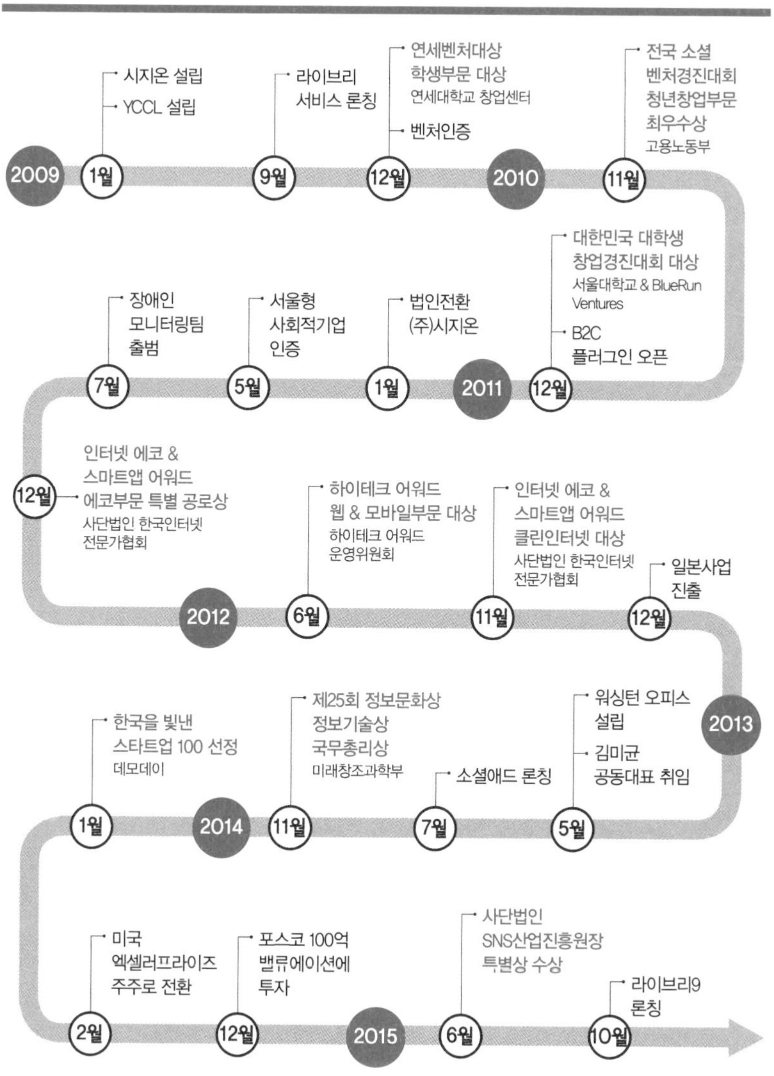

창업, 내가 대표여야 한다는 욕심 버려야

사업 '풋내기'에서 '아시아 1위 소셜 댓글' 업체로 성장하기까지 9년이 걸렸다. '창업'이 아니라 일반 회사에 '취업'을 했다면 지난 9년이 좀 더 편했을지도 모른다. 하지만 김 대표는 취업 대신 창업을 선택한 것에 대해 후회해 본 적이 없다.

"23, 24살 정도가 되니 주변 친구들은 여기저기 원서 넣느라 바쁘더라고요. 오전에는 항공사용 자소서를 쓰며 '비행기만 보면 가슴이 뛴다'고 적고, 오후엔 통신사 원서에 '휴대전화만 보면 아이디어가 떠오른다'고 적으면서요. 그런 식으로 들어간 회사에서 정말 행복할 수 있을까요?"

'대학생 창업 성공 사례'로 인정받으며 최근 들어 강연이나 자문 요청을 많이 받는다는 김 대표. 그는 '내가 다 하겠다'는 욕심을 버리는 일, '낮은 자세'로 배우려는 마음가짐이 중요하다고 말한다.

"창업을 하려면 실력이 있어야 해요. 실력이 없다면 우선 배워야죠. 선배들 벤처 회사라도 찾아가 직접 부딪혀 보며 일을 해 보는 게 필요해요. 창업이라고 해서 무조건 처음부터 내가 대표를 해야 하고, 내 회사를 만들어야 한다는 욕심을 버려야 해요. 먼저 실력을 쌓기 위해 경험을, 배움을 게을리하지 않았으면 좋겠어요."

12

"'누구나' 안전하게 사랑할 권리가 있어요" 그게 '청소년'일지라도

박진아·김석중·성민현 | 이브 공동대표

분수의 덧셈과 뺄셈을 처음 배우는 초등학교 5학년. 엄마, 아빠가 손만 잡고 자도 아기가 생긴다고 믿을 만큼 어릴 것 같지만 놀랍게도 요즘 청소년들이 첫 성관계를 경험하는 평균 나이다. 지난 2014년 여성가족부가 실시한 「청소년 유해환경 접촉 종합실태조사」에 따르면 중·고등학생 가운데 성관계 경험자의 평균 첫 경험 시기가 12.8세인 것으로 나타났다. 같은 조사에서 성관계 경험이 있다고 답한 청소년은 전체의 5.3%. 적지 않은 수의 청소년들이 성인이 되기 한참 전 성에 눈을 뜬다.

그러나 우리나라의 피임 교육은 요즘 아이들의 눈높이를 따라가지 못한다. 성에 관한 이론적인 얘기만 반복하거나 분만과정을 영상

대한민국 청소년 성 경험 실태

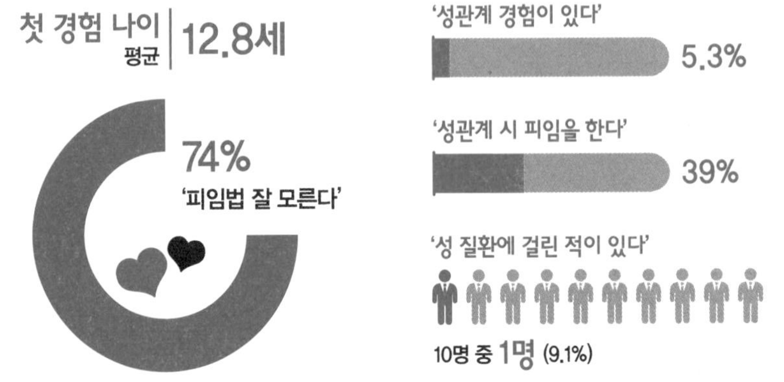

자료: 아-태피임협의회 「성과 피임 설문조사」, 2010
여성가족부 「청소년 유해환경접촉 종합실태조사」, 2014

으로 보여주며 '임신이 이토록 무서운 것이니 성관계를 하면 안 된다'는 식의 네거티브 교육이 수십 년째 계속되고 있다.

그러다 보니 한국 청소년들의 피임 인식도는 세계 최하위 수준에 그친다. 지난 2010년 아-태피임협의회APCOC가 아시아·태평양 지역 청소년들을 대상으로 조사한 결과 '피임법을 잘 모른다'고 답한 한국 청소년이 74%에 달했다. 부실한 피임 교육의 결과는 피임실천율과 성 질환 경험률 조사에서도 고스란히 나타난다. 우리나라 청소년들이 성관계 시 피임을 한 경우는 39%에 불과하고, 성경험을 한 청소년 10명 가운데 1명이 성 질환을 앓았다.

이 같은 현실을 바꿔보고자 '콘돔 사업'에 뛰어든 젊은이들이 있다. 섹슈얼 헬스케어 브랜드 '이브'의 박진아 공동대표는 "청소년들

인터뷰 보러 가기

섹슈얼 헬스케어 브랜드 '이브' (왼쪽부터) **박진아 · 김석중 · 성민현** 공동대표

이 피임을 비롯해 성에 관련한 다방면의 이슈를 접할 수 있는 계기를 만들고 싶었다"고 했다.

"제가 청소년기에 성교육을 잘 받았다고 생각하지 않아요. 그렇게 성인이 되니 피임법을 잘 몰라 겪은 우여곡절이 많았죠. 콘돔을 쓰게 되는 그 상황까지 콘돔을 어디서 사야 하는지, 어떻게 쓰는지 잘 모르는 사람들이 많잖아요. 이런 현실 때문에 슬픈 일들이 많이 일어나기도 하고요. 그래서 콘돔을 대중적으로 알릴 필요가 있다고 생각했어요. 특히 청소년들에게요."(박 대표)

그래서 박 공동대표는 고등학교 동창인 성민현, 김석중 공동대표와 함께 '전체이용가 콘돔 쇼핑몰'을 열기로 결심했다. 그러나 세 젊은이는 자신들이 대적하고 있는 현실이 얼마나 거대한 산이었는지를 미처 알지 못했다.

'하늘의 별따기'인 청소년의 콘돔 구매

일반형 콘돔은 '청소년 보호법' 제2조에서 고시한 청소년 유해물건이 아니다. 따라서 청소년은 신분증을 제시하지 않아도 합법적으로 콘돔을 구매할 수 있다. 그러나 온라인이든 오프라인이든 청소년이 콘돔을 사는 일은 '하늘의 별따기'다.

"편의점에서는 아직도 청소년들이 콘돔을 사려고 하면 거부하는 일이 많아요. 신분증을 보여달라고 하는 경우도 있고요. 온라인은 더 하죠. 판매 사이트에 성인인증 창을 달지 않으면 포털에서 아예 검색 광고를 승인해주지 않아요. 저희가 문제를 제기해봤는데 포털 회사 운영방침에 '콘돔'이 청소년 유해물건이라고 명시가 돼 있더라고요."

실제로 성인인증을 하지 않고 포털 사이트에 콘돔을 검색하면 인증을 한 경우와 전혀 다른 검색 결과가 나타난다. 구매를 할 수 있는 쇼핑몰 목록과 콘돔에 관한 실질적인 정보를 담은 웹페이지는 모두

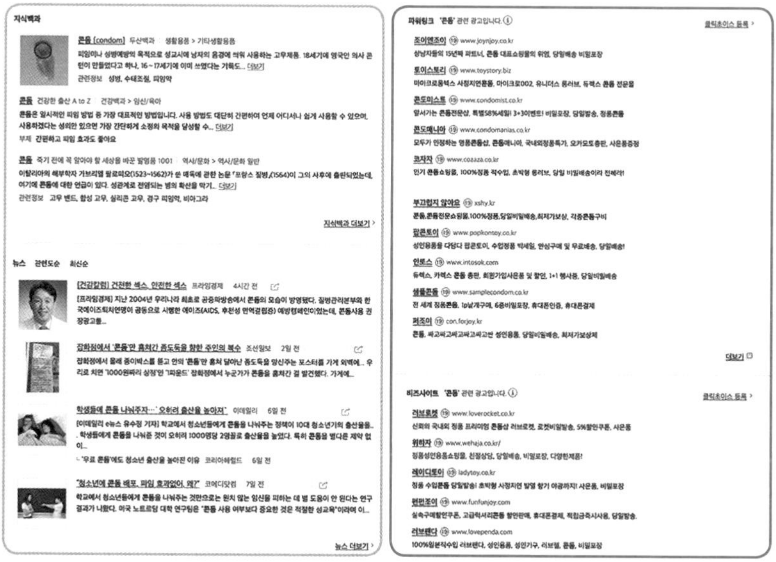

성인인증을 하지 않고 '콘돔'을 검색했을 때(왼쪽)와
성인인증 후 검색했을 때(오른쪽)의 검색결과

제외되고 콘돔의 사전적 정보와 학술 자료들이 자리를 메울 뿐이다.

판매 사이트의 홍보를 위해선 '전체이용가 쇼핑몰'을 포기해야 하는 상황이었다. 그러나 세 젊은이는 '청소년들의 성적 권리를 되찾아주자'는 자신들의 철학을 버리지 않았다.

"저희가 청소년들을 위한 프로젝트를 진행하고 있거든요. 그래서 성인인증 창을 달 수가 없죠. 온라인 유통의 핵심인 포털 광고를 못하지만 어쩔 수 없이 안고 가야 하는 문제라고 생각해요."

'이브'는 창립 초기부터 '프렌치레터 프로젝트'라는 이름으로 청소년들에게 무료로 콘돔을 배포하는 사업을 진행하고 있다. 이브 사이트에선 청소년이 신청만하면 매달 무료 콘돔 2개를 우편으로 보내준다. 더 많은 콘돔이 필요한 청소년들에겐 이브 콘돔을 반값에 판매한다. 하지만 성인인증을 하지 않으면 포털에서 '이브 콘돔'을 검색해도 쇼핑몰을 찾을 수 없다는 사실에는 변함이 없다.

"아무리 회사 내규라고 하지만 부당하게 정보에 대한 접근성을 막는 방식은 분명 문제가 있다고 생각해요. 포털에선 청소년 유해물건으로 지정된 '돌출형 콘돔' 구입을 막기 위함이라고 얘기

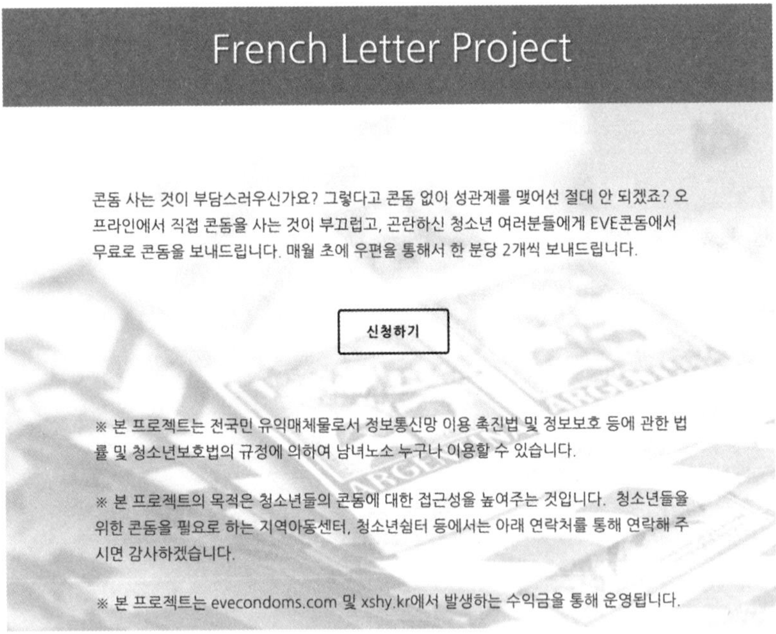

이브의 프렌치 레터 프로젝트

하죠. 그런데 이 규제 자체에도 문제가 있어요. 일반형은 되고 돌출형은 안된다고 정해놓은 게 청소년의 성기를 훼손할 수 있기 때문이라는데, 과학적 근거가 없잖아요. 국제적으로도 이런 사례가 없고. 그래서 청소년 유해물건 규제 자체에 대한 행정소송도 고려 중이에요. 그렇게 되면 포털의 콘돔 검색 규제에 대한 근거도 없어지게 되니까."

'누구'나 안전하게 사랑할 권리가 있다

사회적 약자인 청소년의 성적 권리를 대변하고 우리나라의 폐쇄적인 성 문화를 바꿔보고자 야심차게 사업을 시작했지만 스물다섯 청년들에게 한국 사회의 '성性벽'은 아직 높기만 하다.

"다들 나이가 어리다보니 궂은일을 많이 겪었어요. 행사 같은 데 참석하면 저희 나이와 아이템을 보고 다들 성적인 농담을 던지죠. 특히 저는 여자다보니 '여관집 딸이냐'는 둥 점잖지 않은 소리를 많이 듣기도 했어요. 아이템이 '콘돔'이라서 행정적으로도 항상 문제가 생기죠."

'콘돔' 사업이다 보니 가족들의 응원을 받기도 쉽지 않다. 박 대표는 부모님에게 처음부터 창업 사실을 알리지 않았다고 한다.

"부모님이 제 서랍에 있는 콘돔을 발견하면서 창업한 걸 알게 됐어요. '건강하고 안전하게 사랑하기 위해 필요한 물건'이라고 설득했지만 '왜 하필 콘돔이냐'며 지금도 반대하세요."

박 공동대표는 '그럼에도 불구하고' 자신이 갖고 있는 문제의식이 콘돔 사업을 지속하게 하는 원동력이라고 말한다.

"피임에 대한 '여성 주권'이나 생식건강, 청소년들의 성적 권리에 대해 굉장히 깊은 문제의식을 갖고 있고 현실이 잘못돼 있다고

이브 대표들의 성 문화 개선을 위한 캠페인 참여 활동 사진

강하게 확신하고 있기 때문에 사업이 힘들어도 버틸 수 있었다고 생각해요. 앞으로도 마찬가지고요.”

‘이브’의 최종 목표는 청소년과 여성뿐 아니라 성 소수자 등 성 담론에서의 약자 모두를 대변할 수 있는 브랜드를 만드는 것이다. 이들이 나이 때문에, 사회의 시선 때문에 스스로를 지키지 못하는 현실을 개선하는 데 큰 도움이 되고 싶어서다.

“저희도 우스갯소리로 스스로를 ‘콘돔팔이’라고 하지만 콘돔은 단순한 고무 가공품이 아니라고 생각해요. 누군가의 성적 권리를 대변할 수 있는 물건이기도 하고 우리나라의 폐쇄적인 성 문화를 상징하는 것이기도 하죠. ‘누구나 안전하게 사랑할 수 있다’는 말이 당연한 소리임에도 불구하고 잘 지켜지고 있지 않잖아요. 그래서 저희는 콘돔이 안전한 사랑이 필요한 사람들은 누구나 살 수 있는 물건이길 바라요.”

13

3D 프린팅은 도구에 불과… 중요한 건 결국 '콘텐츠'

유서연 | 캐리큐어 대표

어느 날 우연히 들은 한 라디오로부터 아이디어가 떠올랐다. 때마침 '3D 프린팅'이 미래 먹거리 산업으로 부상하고 있었다. 이 기계라면 자신들의 아이디어를 현실로 만들 수 있겠다 싶었다. 부부는 곧 안정된 직장을 그만두고, 창업을 결심했다. 그렇게 탄생한 기업, '당신을 위한 단 하나의 피규어' 제작 업체 '캐리큐어'다.

경기 수원시 영통구에 위치한 경기지방중소기업청에 창업진흥원이 운영하고 있는 '3D 프린터 특화형 1인 창조기업 비즈니스 센터'가 자리하고 있다. 2016년 7월 개소식을 가진 이곳엔 자사 제품을 제작하는 데 3D 프린터를 활용하는 업체 20개가 입주해 있다. 고객들이 보내온 얼굴 사진이나 전신 스캔을 통한 실제 모습을 캐리커처 피규어로 제작·판매하는 업체 '캐리큐어'도 1기 입주 기업으로 이곳에 터를 잡고 있다.

국내의 조그만 홍보 회사에서 디자인을 담당했던 유서연 대표가 대기업 엔지니어 출신의 남편과 함께 '캐리큐어' 설립을 결심하게 된 건 2014년 초였다. 습관처럼 틀어놓은 라디오에서 흘러나온 사연이 계기가 됐다.

"배우 공형진 씨가 진행하는 프로그램이었는데, 하루는 공 씨가 자기 얼굴이 담긴 캐리커처 그림을 팬으로부터 받았다며 방송

'피규어' 3D 프린팅 서비스 업체 '캐리큐어' **유서연**(왼쪽) 대표 부부

내내 그 애기를 하는 거예요. 갑자기 그런 생각이 들었죠. 2D의 캐리커처를 받고도 저렇게 좋아하는데 이걸 3D의 피규어로 만들면 사람들이 훨씬 좋아하지 않을까?"

당시 선진국들 사이에서 3D 프린팅 산업은 차세대 신성장 동력으로 떠오르고 있었고, 우리 정부도 이에 대한 지원 대책 마련을 서두르고 있던 차였다.

"저희의 경우엔 3D 프린터를 보고 뭔가를 해보자는 게 아니었어요. (캐리커처 피규어라는) 아이디어가 먼저 있었고, 이것을 어떻게 구현할 수 있을까 고민하다 보니 3D 프린터라는 게 때마침 세상에 나와 있었던 것이죠."

창업에 필요한 세 가지 조건 중 두 가지, 즉 '아이디어'와 이를 현실화할 수 있는 '도구'가 마련됐다. 나머지 하나, 가장 중요한 '결단'이 남았다. 결혼한 지 몇 달 되지 않은 때였고, 배 속엔 자신들의 아이가 세상 밖으로 나올 준비를 하고 있던 상황이었다. 창업을 망설일 수밖에 없는 여건일 법도 하지만 이들 부부에겐 큰 걸림돌이 되지 않았다고 했다. 다른 무엇보다 가장 큰 무기인 '젊음'이 있었기 때문이다.

"만약에 우리가 40대 후반이었다면 못했을 거예요. 그런데 어쨌든 젊으니까 이때 1~2년이라는 시간을 투자해 실패를 한다 하더라도 자력으로 회복이 가능하다고 판단했어요. 젊음이 무기였던 것이죠. 오히려 조금 더 일찍 시작했으면 좋았겠다는 생각도 들어요."

2D 디자인을 할 줄 아는 유 대표, 엔지니어 출신의 남편이 의기투합했지만 정작 3D 프린터는 둘 모두 제대로 본 적도 없는 문외한이었다. 창업 결심 후 1년 여간은 시행착오를 거듭했다.

"'3D프린터로 피규어를 만들면 돼', 이 정도 생각만 가지고 시작을 했어요. 그때부터 여기저기 전시회를 다니면서 공부를 했죠. 개인용 3D 프린터를 사서 출력을 해보기도 하고, 그래픽 부분의 소프트웨어도 익혔어요. 그 이후엔 완성품을 만들기 위한 후가

캐리큐어의 작품들

공 테스트를 굉장히 많이 했죠. 하나하나 몸으로 다 부딪혀봤던 것 같아요."

그렇게 첫발을 뗀 캐리큐어는 2016년 2월 첫 상품을 출시해 본격적인 판매에 들어갔다. 상품군은 크게 두 가지다. 고객이 원하는 얼굴 사진과 미리 만들어진 바디(몸체)를 결합한 캐리큐어, 그리고 전신 스캔을 통한 실제 모습을 그대로 피규어로 만들어주는 서비스가 있다.

"3D 프린터 안에서 플라스틱이 녹아 한층 한층 쌓이면서 결과물이 나오는 걸 보면 기분이 참 좋더라고요. 저희 제품을 구매한 고객이 대부분 좋은 피드백을 줘요. 요새 식상한 선물이 많은데 깜짝 선물로 그만이라고요. 이런 반응을 받으면 보람을 느끼죠."

창업을 결심한 지 2년, 본격적인 제품 출시에 나선 지 1년. 아직 갈 길이 멀고, 보완해야 할 것도 많다.

"손익분기점 돌파가 1차 목표인데, 아직 넘어야 할 산이 몇 개 있어요. 우선 주문 제작을 받는데 시간이 오래 걸려서 이것을 단축시키기 위한 쇼핑몰 홈페이지를 80~90% 정도 만들어 놨어요. 지금의 캐리큐어 외에 제품군도 다양화해야 하고요."

우리나라는 3D 프린팅 산업의 후발주자다. 지난 2012년 기준 국내

3D 스캐너를 활용한 실사 캐리큐어

기업들의 3D 프린팅 관련 산업용 장비의 세계 시장 점유율은 1.7%에 불과하다. 특히 3D 장비·소재 분야는 어느 정도의 자본과 기술력이 필요해 진입 장벽이 낮지 않다. 이러한 여건 속에서 캐리큐어처럼 3D 프린팅 장비를 도구로 활용해 콘텐츠를 제작·유통하는 방식은 비교적 적은 자본으로 일반인들이 도전할 수 있는 창업 분야가 될 수 있다.

이런 이들을 향해 유 대표는 조언한다. 3D 프린팅을 활용하는 사업에서 중요한 건 3D 프린팅이 아니라고. 그래서 3D 프린터에 대한 의존도를 낮춰야 한다고. 3D 프린팅 업체에 3D 프린터를 덜 사용하라니, 역설적인 얘기처럼 들리지만 이들의 말을 끝까지 들어보면 고개가 끄덕여진다.

"일본에서 3D 프린팅 산업에 있는 한 경영자가 이런 말을 했더라고요. 3D 프린터는 전자레인지와 같다고. 전자레인지가 처음 출시됐을 때 마치 모든 사람들이 요리사가 될 수 있을 것처럼 얘기를 했는데 그렇지 않았죠. 결국 요리 자체가 맛있어야 전자레인지로 또 먹을 수도 있고, 달리 해서 먹을 수도 있는 것처럼 3D 프린터도 도구일 뿐이에요. 3D 프린터가 모든 걸 다 만들어주지 않는다는 것이죠. 3D 프린터에 대한 의존도를 가급적 줄이고 내가 만들려고 하는 요리, 즉 콘텐츠나 제품에 대한 고민을 더 많이 해야 합니다."

14
창업 실패 요인만 갖춘 '그녀'가 알짜 회사 일군 비결

김하경 | 더한교육 대표

그녀는 전문가들이 흔히 지적하는 창업 '실패' 요인을 꽤 갖고 있었다. 우연한 계기로 창업 시장에 뛰어들었을 뿐 '사전 준비를 전혀 하지 않았던 것'부터 그렇다. 또 하나 짚어보자면 아이디어는 있었지만 자신이 뛰어든 창업 분야에 대한 '전문 지식이 전무'했다. 더욱이 그 아이디어란 것도 얼핏 보면 누구나 따라할 수 있는, 이른바 '진입 장벽이 낮은' 사업 모델이었다.

그러나 김하경 더한교육 대표는 1년 만에 손익분기점을 넘겼고, 7년차에 이른 지금의 회사를 연매출 7억 원까지 끌어올렸다. 눈이 휘둥그레질 만한 '대박'은 아니지만 국내 창업 기업의 5년 후 생존율이 30%도 안 되는 상황을 감안해보면 가벼이 여길 수 없는 성공 사

진로교육 업체 '더한교육' **김하경** 대표

례다. 무엇이 그것을 가능하게 했던 것일까.

"더한교육은 청소년들의 진로교육을 핵심으로 하는 교육회사로 멘토와 함께 하는 대학 탐방(하루 동안 대학생 되기), 직업 체험(하루 동안 전문가 되기), 현장체험학습, 캠프 프로그램 등의 서비스를 제공하고 있습니다. 최근 진로교육 시장이 급격히 커지면서 유사 업체가 많이 생겨나고 있는데요. 다른 회사들이 외부 강사를 섭외해 프로그램을 진행하는 일종의 '에이전시' 개념인 데 반해 저희는 체험 프로그램이나 교재, 교구 등을 직접 기획, 제작하고 있죠."

여태껏 국내 교육 시장이 어느 대학을 갈 것인가와 같은 '진학'에 주로 포커스를 맞춰온 데 반해 '진로 교육'은 적성에 맞는 직업 찾기 등 '어떤 삶을 살 것인가'에 초점을 둔다. 하나의 가치 있는 경험이 한 사람의 인생에 훨씬 중요한 나침반이 될 수 있다. 대표적인 레드오션인 '교육 시장'을 창업 아이템으로 선택한 것도 이와 같은 이유에서였다.

"저 같은 경우는 '사업을 해야겠다'고 생각해서 시작한 케이스가 아니에요. 사실 대학교 때 경영학을 전공했는데, 이쪽 분야 학위를 따서 대학 강단에 서는 게 꿈이었죠. 그런데 2009년 관련 유학을 준비하던 중 서울시에서 주최하는 청년창업지원사업 포스터를 보게 됐어요. 아이디어만 잘 내면 한 달에 100만원씩 지원금도 주고 사무실도 공짜로 빌려준다고 하더라고요. '꼭 합격하겠다'는 생각보단 유학 가기 전에 레퍼런스도 쌓을 겸 좋은 경험이 되겠다 싶었죠. 당시 준 MBA 공부하면서 과제로 제출한 사업 아이템이 있었는데, 그걸 제출하면 돼서 준비를 따로 안 해도 됐었고요.

사실 '선정이 되면 어떻게 하겠다'는 계획을 전혀 짜지 않은 상태로 응모했는데 덜컥 합격이 됐어요. 그때부터 고민도 많이 하고, 주변 지인들에게 조언도 구했는데, '인생에서 시기가 중요하다'는 생각이 들더라고요. 공부는 1년 후에 할 수 있지만 이건 (청년지원프로그램) 그때가 아니면 오기 힘든 기회잖아요. 나중에 애들 가르칠 때도 이 경험이 큰 도움이 되겠다 싶어서 우선은 서울시가 제공하는 1인 창업 보육 시설에 들어가기로 했죠."

당시 김 대표가 낸 아이디어는 지금의 더한교육 비즈니스 모델과는 많이 다르다. 김 대표의 첫 구상은 우리나라에 공부하러 온 외국인 학생들을 대상으로 한 '3개월 동안 한국인 되기 프로젝트' 였다. 교환학생 등으로 우리나라에 온 외국인들에게 공부뿐 아니라 한국 문화를 체험케 하면 장기적으로 국가 이미지나 경쟁력이 높아질 수 있다는 게 김 대표가 서울시에 제출한 프로젝트의 주요 내용이었다. 그런데 김 대표는 이 아이디어를 얼마 되지 않아 포기했다.

"보통 외국인 유학생 대상의 한국 문화 체험 행사는 여행사들이 주로 하는데, 전 관련 경력이나 지식이 전혀 없었어요. 보육 시설에 들어간 뒤 두 달 동안 시장조사를 해봤는데 (프로그램 진행 기간인) 1년 안에 이 사업을 제대로 된 모델로 만드는 건 무리겠다 싶었죠. 이걸 계속 밀어부쳐야 하나 고민을 많이 하던 중 과외 아르바이트 할 때 경험이 갑자기 떠올랐어요.

요새 주위 친구들을 보면 전공을 100% 살려 취업을 한 경우가 거의 없잖아요. 적성에 맞는 전공을 선택했다면 많은 걸 쌓을 수 있는 시간인데 그저 점수에 맞춰 대학에 들어오다 보니 4년을 흐지부지 보내게 되죠. 심지어 취업 준비 기간을 따로 갖기도 하고요. 단순히 대학의 네임밸류를 높이기 위해 재수를 하기도 하죠. 이런 것에 문제의식이 있어 제가 과외할 때 애들에게 '정말 중요한 건 전공이다'라는 얘기를 많이 했었거든요. 그래서 단순히 입시 관문을 넘어서는 교육 말고, 전공의 중요성을 깨닫게 하거나 스스로 공부를 하기 위한 동기부여를 제공하는 프로그램을 해보면 어떨까 싶었죠."

그래서 시작한 첫 사업이 바로 '하루 동안 대학생 되기'다. 모범이 될 만한 대학생들이 중·고등학생들과 함께 '대학 캠퍼스 투어'를 하며, 진로나 학습에 대한 동기부여 등 멘토링을 해주는 게 프로그램의 핵심이다. 그런데 이 프로그램, 창업 아이템으론 특별해 보이지 않는다.

"아이디어라는 게 완전히 '무'에서 '유'를 창조할 순 없잖아요. 당시에도 부모가 개인적으로 자식들을 데려가 대학교를 보여준다거나 일선 학교에서 의지 있는 선생님들이 일회성 프로그램으로 자기 제자를 동문 선배들과 연결시켜주는 경우는 있었죠. 그런데 실제 멘토풀을 구성해서 정형화된 프로그램의 형태로 제공해주는 건 당시로선 최초였죠.

첫 비즈니스 모델로 손익분기점을 그해에 바로 넘겼어요. 사실 초반엔 사업자등록증도 내지 않은 상태였고, 자체 홈페이지를 제작할 여건도 아니었죠. 학부모들이 많이 모여 있는 인터넷 카페나 블로그에 '이런 게 있으니 지원하세요'라는 글을 올려놓고 무료 파일럿 프로그램으로 진행했죠. 원래 그런 곳은 홍보성 글이 잘 안 통하는데 자녀에게 동기부여를 해주고 싶은 갈증 때문인지 부모들의 신청률이 굉장히 높았어요. 예정 모집 인원이 금세 찼죠.

이렇게 알음알음하다가 사업자등록을 하고 나선 학교를 대상으로 신청을 받았어요. 당시 목표가 1년에 2,000명의 학생에게 멘토링 프로그램을 제공하는 것이었는데, 그해에 목표 수치를 훌쩍 넘겼죠."

후발 사업자 관점에서 보자면 학교는 보수적인 공간이다. 오랜 기간 인연을 맺어온 업체들과의 사이가 공고하거니와 웬만큼 검증이 되지 않은 회사와는 새 거래를 트지 않는다. 당시 20대 후반의 젊은 여성이 이런 학교들을 대상으로 어떻게 '나홀로 영업'을 뛸 생각을 했을까.

"돈을 벌겠다는 욕심보다는 운영비 정도만 받겠다는 생각으로 근처 학교를 무턱대고 찾아갔어요. 지금 와서 보면 학교 영업을 나간 셈인데, 그렇게 생각을 안 하고 '(당신 학교에) 좋은 기회를 줄 테니 학생들을 프로그램에 빨리 참여시키세요'라는 식으로 말을 했죠. 20대니까 가능했던, 당돌한 행동이었죠. 학교에서 일을 하다가 은퇴하신 분들이 학교 영업을 하는 경우가 많은데 저 같은 젊은 여성이 오니까 신기해 하는 것도 있더라고요."

이 대목에서 '여성' 사업가로서의 삶이 궁금해지지 않을 수 없다.

위 대담만 놓고 보자면 '젊은 여성 사업가'로서의 희소성이 장점으로 보일 수 있지만 아직 이 사회에선 그렇지 못한 경우가 더 많다는 걸 우리는 잘 알고 있다.

"여성 사업가로서 딱히 어려움은 없었던 것 같아요. 오히려 사업 측면에서만 보면 혜택이 될 만한 게 있죠. 저는 그 혜택을 못 받았지만 여성 기업으로서 받을 수 있는 지원이나 제도들이 따로 있거든요. 그런 것들을 십분 활용하면 여성 창업가로서 경쟁력은 있죠."

여성 사업가로 살아야 하는 불편함이 정말 없었을까. '진짜 대답'은 인터뷰를 마친 뒤 가진 편한 자리에서 나왔다. '여성 대표'라고 하면 불편한 기색이 완연한 몇몇 상대를 만난 뒤 '대표' 대신 '팀장'이라는 직함을 판 명함을 따로 만든 경험. 올해 초 첫 애를 출산하며 여성에서 엄마가 됐지만 육아휴직은커녕 출산휴가도 한 달을 채 못 쓴 현실. 더 나아가 사업주라는 이유로 출산·육아 지원금도 받지 못하는 정책 허점에 대한 아쉬움 등등. (사업주는 고용보험 가입이 불가하다. 그래서 그 보험 아래 누릴 수 있는 혜택, 그러니까 실업급여나 출산·육아 정부 지원금 등을 받을 수 없다. 즉 여성 사업주는 출산 때문에 일을 하지 못하는 족족 금전적 손해를 오롯이 떠안아야 한다.)

이 같은 얘기들을 정작 인터뷰 자리에서 하지 못한 까닭은 이러한 여건 자체를 당연시하는 사회에 김 대표도 익숙해져 버렸거나,

이런 불편함을 대수로이 여기지 않는 김 대표의 성정 때문이리라.

이유가 어찌됐든 김 대표는 여성 사업가로서 자기 회사를 7년간이나 잘 키워냈고, 이젠 그 비결을 물을 차례다.

"물론 운이 좋았지만 그걸로만 설명할 순 없을 것 같고요. 어떤 보험왕이 비법을 묻는 질문에 자기가 했던 노하우를 다 알려줬대요. '무조건 하루에 100명씩 통화하세요'라는 식으로. 이 방법대로만 하면 누구나 보험왕이 될 수 있는데, 실제로 하루에 100명에게 통화하는 사람이 아무도 없더래요.

창업보육센터에 있을 때 보면 좋은 아이디어를 가진 사람이 많았어요. 그런데 그 아이디어만 있지 후속 일을 안 하는 경우가 많더라고요. 전 머릿속에서 '이걸 하면 좋겠다' 싶은 게 있으면 무조건 했던 것 같아요. 뭔가 부딪치고 행동하는 게 중요한 것 같더라고요."

김 대표는 '사업가'보다 '선생님', '멘토'로 기억되는 게 아직 더 좋다고 한다. 온갖 실패 요인을 딛고 7년차 알짜배기 회사를 키워낸 '그녀'는 좋은 사업가이자, 좋은 선생님 혹은 멘토가 될 법하다. 그런 그녀에게 예비 창업자에게 조언하고 싶은 것이 있는지 물었다.

"결국은 포기하지 않는 게 중요한데, 그 원동력은 본인이 하는 일에 대한 자부심에서 나오는 것 같아요. 재미있는 게 저희 대학 탐방 프로그램은 다른 큰 회사에서 모방을 많이 했어요. 처음엔 '저런 큰 회사가 따라하면 우리 프로그램은 곧 묻히겠구나' 하며 속상해 했죠. 그런데 정작 그런 회사들 프로그램은 흐지부지하다가 없어지고 저희가 살아남았죠.

저 같은 경우는 일에 대한 자부심이나 애착이 강해서 멘토 관리나 프로그램 기획에 공을 굉장히 들였어요. 그런데 이걸 돈 버는 사업으로만 접근해 대학생 알바비 정도를 주고 프로그램을 진행하겠다고 하면 그 퀄리티가 담보되지 못해 결국 살아남지 못하더라고요. 자기 일에 대한 자부심을 갖고 포기하지 않는 것, 이게 큰 것 같아요."

책 속의 책

지금 시작하는 여성 창업가를 위한 지원사업 완벽 정리

(1) 중앙정부 여성 기업 지원사업

① 시설·공간·자금 지원

주관부서	지원사업명	내용	신청 방법 및 문의처
중소벤처기업부·(재)여성기업종합지원센터	창업보육센터	전국 15개 광역시·도에 창업 보육실을 제공하고 전문가 컨설팅, 국내외 판로 확보, 각종 인증 획득 등을 지원	Wbiz포털(www.wbiz.or.kr)을 통한 온라인 신청 및 서류제출
	여성창업 경진대회	여성 전문인력들의 창의적인 아이템을 조기 발굴해 육성하며 수상 시 최대 1,000만 원의 상금 및 멘토링, 전문가 컨설팅 제공	
중소벤처기업부·한국여성경제인협회	여성가장 창업자금 지원	저소득 여성가장에게 2.0%의 저렴한 금리로 최고 1억 원, 최대 6년까지 임대보증금 지원	전국 지회 및 센터 문의

② 교육·컨설팅 지원

주관부서	지원사업명	내용	신청 방법 및 문의처
중소벤처기업부·(재)여성기업종합지원센터	여성CEO MBA 교육	전국 16개 지역에서 여성 기업의 특성에 맞춘 경영실무 교육 및 전문 지식 공유, 네트워크 구축 기회 제공	Wbiz포털(www.wbiz.or.kr)을 통한 온라인 신청
중소벤처기업부·한국여성경제인협회	전국 여성 CEO 경영연수	전국 여성 경제인 800여 명과 함께 초청강연, 정책토론회, 제품전시회, 경영애로 상담 등을 진행	전국 지회 및 센터 문의
	국제회의 한국 대표단 파견	국제적 수준의 회의에 한국대표단을 파견해 세계 여성 기업 간 네트워크 및 대외경쟁력 향상 도모	Wbiz포털(www.wbiz.or.kr)을 통한 온라인 신청
과학기술정보통신부·한국여성과학기술인지원센터	여성 기술융합 창업컨설팅	과학기술 및 ICT 분야에서 글로벌한 아이디어를 보유한 여성 예비 창업자에게 글로벌 시장 진출에 필요한 전략 및 실무 컨설팅 지원	문의 02-6411-1065
특허청·한국여성발명협회	여성발명 진흥지원	여성 발명·기업인 사업화 지원, 생활발명코리아사업으로 발명 아이디어를 구체화하고 지적재산권 출원과 시제품 제작을 지원	문의 02-538-2710
중소벤처기업부·여성벤처협회	여성벤처 창업 케어 프로그램	벤처 CEO를 꿈꾸는 여성 예비 창업자를 선발해 비즈 플랜 캠프, 선배 CEO 밀착코칭, 사업화 과제해결을 지원·육성	여성벤처협회 홈페이지(www.kovwa.or.kr)를 통한 온라인 신청

〈여성기업종합지원센터·한국여성경제인협회 연락처〉

지역	센터 전화번호	홈페이지
중앙	02-369-0900	wesc.wbiz.or.kr
서울	02-702-4244	soeul.wbiz.or.kr
부산	센터) 051-465-1001 협회) 051-465-1492	busan.wbiz.or.kr
대구·경북	센터) 053-742-5192 협회) 053-756-0006	dg.wbiz.or.kr
광주	센터) 062-527-1612 협회) 062-523-6028	gwangju.wbiz.or.kr
대전	센터) 042-526-2862 협회) 042-526-2861	daejeon.wbiz.or.kr
인천	센터) 032-260-3600 협회) 032-260-3602	incheon.wbiz.or.kr
울산	052-998-8585	ulsan.wbiz.or.kr
강원	센터) 033-241-3475 협회) 033-244-5505	gangwon.wbiz.or.kr
경기	센터) 031-211-0292 협회) 031-211-2235	gyeonggi.wbiz.or.kr
충북	센터) 043-236-6561 협회) 043-231-7807	chungbuk.wbiz.or.kr
전북	센터) 063-272-9906 협회) 063-272-9973	jeonbuk.wbiz.or.kr
경남	센터) 055-212-1241 협회) 055-212-1240	gyeongnam.wbiz.or.kr
제주	센터) 064-726-4467 협회) 064-726-6008	jeju.wbiz.or.kr
세종·충남	041-569-0570	chungnam.wbiz.or.kr
전남	센터) 061-284-4343 협회) 061-281-2612	jeonnam.wbiz.or.kr
경기 북부	031-850-3777	gyeongginorth.wbiz.or.kr

③ 판로·수출 지원

주관부서	지원사업명	내용	신청 방법 및 문의처
중소벤처기업부·한국여성경제인협회	여성기업제품 공공구매 홍보	여성기업제품을 등록·게시·홍보할 수 있는 공공구매 홍보사이트 운영	문의 02-369-0910
중소벤처기업부·(재)여성기업종합지원센터	여성기업 맞춤형 입찰정보	여성 기업이 공공기관 입찰 정보를 수시로 확인하고 참여할 수 있도록 사업분야별 입찰정보를 메일로 제공하고 입찰교육, 실시간 상담 등을 운영	
	여성특화제품 해외진출 One-Stop 지원	수출 초기 여성 기업을 대상으로 해외 바이어 매칭, 무역 실무교육, 해외 온라인 플랫폼 구축사업을 맞춤형으로 지원	Wbiz포털(www.wbiz.or.kr)을 통한 온라인 신청

④ 기타 지원사업

주관부서	지원사업명	내용	신청 방법 및 문의처
중소벤처기업부·한국여성경제인협회	여성기업확인제도	공공기관이 여성기업제품의 일정 비율 이상을 의무적으로 구매해야 함에 따라 여성기업확인서를 발급해 여성기업제품 구매촉진	공공구매 종합정보망 (www.smpp.go.kr)을 통한 온라인 신청
여성가족부	여성인재 아카데미	여성 중간관리자 등이 조직 내 핵심리더로 성장할 수 있도록 맞춤형 역량 강화 교육 지원	여성인재아카데미 (kwla.kigepe.or.kr)를 통한 온라인 신청
여성가족부·고용노동부	여성새로일하기센터 운영	임신, 출산, 육아 등으로 경력이 단절된 여성에게 취업상담, 직업교육 훈련, 인턴십 및 취업 후 사후관리 등 종합적인 취업서비스 지원	새일센터 방문 및 전화 문의 (1544-1199)
중소벤처기업부·(재)여성기업종합지원센터	여성경제인 DESK	여성 기업인이 현장에서 체감하는 경영애로와 정책 아이디어를 접수, 해결	Whiz포털(www wbiz.or.kr)을 통한 상담·건의

(2) 지원사업 세부 내용

① 창업보육센터

여성의 창업과 여성 기업 경영활동 촉진을 위해 보육공간 및 지원시설, 정보, 자료 제공

- **지원대상** : 창업 2년 이내의 여성 기업 및 예비 여성 창업자
- **지원내용**
  - 창업보육실 입주 및 공동회의실, 사무기기(초고속 인터넷 및 보안장비) 제공
  - 경영, 세무 등 컨설팅, 산업재산권 등 전문가 컨설팅 제공
  - 산업디자인 개발비, 산업지적재산권 및 각종 인증획득 지원
  - 국내외 판로지원(국내외 박람회 참가지원)
  - 중소기업 지원시책·여성기업지원사업 정보제공
- **보육실 현황** : 15개 광역시·도에 여성기업종합지원센터 지역센터 내 여성창업보육실 운영
- **입주공간** : 10평(전용면적)
- **입주기간** : 입주일로부터 1년
- **입주부담금** : 보증금, 월관리비/평
- **신청방법** : Wbiz포털(www.wbiz.or.kr) 온라인 신청
- **제출서류**
  - 입주신청서(소정양식) 1부
  - 사업계획서(소정양식) 1부
  - 국세, 지방세 완납 증명서 각 1부(최근 2개년)
  - 회사소개서 1부
  - 최근 재무제표 각 1부(공인회계사, 세무사 등 확인자료)
    ※예비창업자 및 창업 1년 미만자는 미제출
  - 상기 온라인 및 우편 제출 서류가 모두 접수되어야 신청 완료, 누락 시 부적격
- **신청기한** : 공실 발생 시 모집(모집공고는 Wbiz 포털 공지사항 게시판 확인)
- **선정기준** : 서류심사 및 PT 제안심사, 합격자 개별통보

② 여성가장창업자금

경제적 어려움에 처한 여성가장에게 2.0%의 저렴한 금리로 최고 1억 원까지 임대보증금 지원

- **신청기간** : 매월 25일까지(월 1회 선정)
- **지원대상**
  - 보건복지부가 매년 고시하는 기준 중위소득의 60%에 해당하는 여성가장
  - 근로장려금 신청요건을 갖춘 가구의 여성(매년 국세청 고시)
  - 예비 창업자, 사업 개시일로부터 1년 미만의 사업을 영위하고 있는 기창업자
  - 부양가족기준 : 25세 미만의 자녀, 65세 이상의 부모(양가), 장애인, 질병, 실직 등으로 경제활동이 어려운 배우자

    (단, 25세 이상의 자녀는 학생, 군인, 3등급 이상 장애자인 경우, 65세 미만의 부모는 장애자, 중환자 등인 경우는 예외 인정)
- **지원한도** : 최고 1억 원 이내 점포 임대보증금 지원
- **지원기간** : 2년(2회 연장 가능, 최대 6년까지 지원)
- **지원금리** : 연 2.0%(고정), 분기별 납부
- **상환방법** : 만기 일시 상환
- **신청방법** : 전국 지회 및 센터로 문의
- **제출서류**(3개월 이내 발급)
  - 신청서 및 사업계획서 1부
  - 소득증명서류 : 건강보험증 사본 1부(앞, 뒤) 및 본인 및 부양가족의 건강보험료 납부 확인서 1부(또는 국민기초생활수급자증명서 1부), 근로소득원천징수부 혹은 소득금액증명원 1부

  ※ 최근 3개월 이상의 내역 정보 수록
  - 부양가족 증명서류 : 주민등록등본 1부, 가족관계증명서 1부
  - 사업타당성 분석서류 : 상권분석자료 1부
  - 임대건물 확인서류 : 부동산시세확인서 2부, 건물·토지등기부등본 1부

  ※ 지원 결정 시, 채권 확보를 위한 전세권 설정 및 이행보증보험가입 필요

③ 여성기업확인제도

공공기관이 여성기업제품의 일정 비율 이상을 의무적으로 구매하도록 돼 있는 '여성기업제품 공공구매제도'에 따라 중소벤서기업부와 한국여성경제인협회가 여성제품 구매촉진을 위해 여성기업확인서 발급업무를 운영

- **사업내용** : 연중 수시
- **신청대상** : 여성 기업(대표권을 갖고 있는 여성이 최대출자자인 상법상의 회사, 여성이 사업자등록을 한 개인사업자)
- **신청 프로세스**

중소기업 회원 가입 및 기업정보 등록 (www.smpp.go.kr)	➜	제출서류 업로드 및 여성 기업 확인 신청	➜	서류검토 및 현장실사	➜	현장실사 결과 검토 및 확인서 발급
신청기업		신청기업		한국여성경제인협회 각 지회		지방중소벤처기업부

ⓐ 확인 신청

– 공공구매 종합정보망(www.smpp.go.kr)에 중소기업 회원가입

– 나의업무 → 기업확인서 신청·발급 → 여성 기업 확인에서 여성기업확인서 신청

– 기업정보 입력 및 제출서류를 스캔하여 업로드 후 신청 완료

구분	제출서류
공통	여성 기업 확인 신청서, 개인정보제공 및 활용동의서, 사업자등록증
법인사업자	법인등기부등본(말소사항 포함), 주주명부(주식회사), 사원명부(유한회사), 정관(유한책임회사, 합자·합명회사), 주식 등 지분관계도
개인사업자	동업계약서(공동대표인 경우)

ⓑ 서류검토 및 현장조사

– 여성 대표자가 해당 기업의 의사결정 및 경영활동에 실질적으로 참여하는지 확인하기 위해 확인 신청자에게 추가자료 제출을 요구할 수 있음

– 여성 기업 확인은 직접방문 조사를 원칙으로 하며, 장소는 법인등기부등본(또는 사업자등록증)상의 사업장 소재지를 원칙으로 함

– 여성 기업 여부를 확인하기 위한 전화나 면접 또는 직접 방문 조사하는 경우 여성 대표자가 직접 응해야 함

– 확인 신청자가 추가 자료제출 요구에 대해 특별한 사유 없이 1개월 이상 지연하는 경우 신청을 철회한 것으로 보며, 확인기관은 반려 처리

ⓒ 여성기업확인서 발급

– 확인기관이 여성 기업을 확인한 때에 그 결과를 구매정보망에 등록하고 확인 신청자에게 문서, 유선 또는 문자로 통보하며 수수료는 없음
– 여성 기업 확인의 유효기간은 확인일로부터 3년
– 여성 기업으로 확인된 기업이 대표자의 변경 등 해당 확인기준의 요건이 상실되는 경우 그 날로부터 효력 상실
– 이전 확인 유효기간 만료에 따라 재신청하는 경우 만료일 1개월 이전부터 신청 가능

④ 여성기업제품 공공구매

공공기관이 여성기업제품을 물품·용역의 경우 각 구매 총액의 5% 이상, 공사의 경우 구매총액에서 3% 이상 의무적으로 구매해야 하는 제도

- **구매대상** : 여성기업확인서를 보유한 여성 기업이 직접 생산하고 제공하는 물품, 용역 또는 공사
- **소액수의 계약 금액**

금액	1인 견적에 의한 수의계약 가능 기업	관련 법률
추정가격 2천만 원 이하	모든 기업	국가를 당사자로 하는 계약에 관한 법률 시행령 제30조 및 지방자치단체를 계약 당사자로 하는 계약에 관한 법률 시행령 제30조
추정가격 5천만 원 이하	여성 기업 가능	

- **여성기업제품 입찰 시 가산점 부여**

ⓐ 조달청 가산점

물품·용역 : 여성기업확인서를 보유한 여성 기업으로서 존속기간에 따라 차등부여	
물품구매 적격심사 기준	· 10년 이상 : 1점 · 5년 이상 ~ 10년 미만 : 0.75점 · 3년 이상 ~ 5년 미만 : 0.5점 · 3년 미만 : 0.25점

물품·용역 : 여성기업확인서를 보유한 여성 기업으로서 존속기간에 따라 차등부여	
일반용역 적격심사 기준	· 10년 이상 : 1점 · 5년 이상 : 0.7점 · 3년 이상 ~ 5년 미만 : 0.5점 · 3년 미만 : 0.25점
기술용역 적격심사 기준	· 10년 이상 : 1점 · 3년 이상 : 0.5점 · 3년 미만 : 0.25점
중소기업자 간 경쟁물품에 대한 계약이행능력심사 세부기준	· 10년 이상 : 1점 · 5년 이상 ~ 10년 미만 : 0.75점 · 3년 이상 ~ 5년 미만 : 0.5점 · 3년 미만 : 0.25점
다수공급자계약 2단계 경쟁 업무처리기준	· 여성기업(5점 이하) : 배점 × 0.6점
공사 : 여성기업확인서를 보유하고 시공비율 30% 이상인 여성 기업에게 가점 부여	
시설공사 집행기준	추정가격 50억 원 미만 공사 중 토목 또는 건축공사, 추정가격 10억 원 미만 전문공사 및 전기·정보통신·소방시설·문화재공사의 경우 여성 기업의 시공비율이 30% 이상인 때에는 경영상태 취득점수(공동수급체 전체의 점수)에 10% 가산평가

ⓑ 행정자치부 가산점

지방자치단체 입찰 시 낙찰자 결정기준	
추정가격이 10억 원 미만 3억 원 이상인 입찰공사 (특별신인도 1점)	1) 한국여성경제인협회에서 인정·확인하는 여성 기업 : 1점 2) 여성 기업의 시공비율이 20% 이상인 공동수급체 : 1점
추정가격이 3억 원 미만 2억 원 이상인 입찰공사 (특별신인도 1점)	1) 한국여성경제인협회에서 인정·확인하는 여성 기업 : 1점 2) 여성 기업의 시공비율이 20% 이상인 공동수급체 : 1점
추정가격이 2억 원 미만인 입찰공사 (특별신인도 1점)	1) 한국여성경제인협회에서 인정·확인하는 여성 기업 : 1점 2) 여성 기업의 시공비율이 20% 이상인 공동수급체 : 1점
추정가격이 10억 원 미만 3억 원 이상인 재난복구공사(특별신인도 1점)	1) 한국여성경제인협회에서 인정·확인하는 여성 기업 : 1점 2) 여성 기업의 시공비율이 20% 이상인 공동수급체 : 1점
추정가격이 3억 원 미만인 재난복구공사 (특별신인도 1점)	1) 한국여성경제인협회에서 인정·확인하는 여성 기업 : 1점 2) 여성 기업의 시공비율이 20% 이상인 공동수급체 : 1점

지방자치단체 입찰 시 낙찰자 결정기준	
추정가격이 10억 원 이상인 물품의 평가기준	여성기업 : 0.5점
추정가격이 10억 원 미만 2억 원 이상인 물품의 평가기준	여성기업 : 1점
추정가격이 2억 원 미만인 물품의 평가기준	여성기업 : 1점

ⓒ 국방부 가산점

일반용역 적격심사 기준	물품 적격심사 기준
· 10년 이상 : 0.4점 · 5년 이상 ~ 10년 미만 : 0.35점 · 5년 미만 : 0.3점	· 10년 이상 : 0.4점 · 5년 이상 ~ 10년 미만 : 0.35점 · 5년 미만 : 0.3점

ⓓ 방위사업청 가산점

물품 적격심사 기준	용역 적격심사 세부기준
여성기업 : 0.1점	여성기업 : 0.1점

ⓔ 환경부 가산점

건설폐기물처리용역 적격업체 평가기준
· 15억 원 이상인 용역 : 0.15점 · 15억 원 미만 5억 원 이상인 용역 : 0.12점 · 5억 원 미만 2억 원 이상인 용역 : 0.09점 · 2억 원 미만인 용역 : 0.06점

⑤ 여성기업맞춤형 입찰정보시스템

여성 기업이 공공기관 입찰정보를 수시로 확인하고 참여할 수 있도록 여성 기업 공공구매 입찰정보 서비스 운영

- **사업내용** : 연중 수시
- **지원대상** : 여성기업확인서 보유업체
- **지원내용**

ⓐ 사업분야별 입찰정보를 홈페이지 및 메일을 통해 제공

– 국내 입찰정보(공공기관 및 지방자치단체 등)
※ 물품·공사·용역 입·낙찰 정보 제공
– 해외 입찰정보(주한미군 및 미연방정부 등)
※ 북미산업코드로 입찰공고 검색
– 맞춤입찰 서비스 : 이용자의 면허(품목)와 관심 분야를 맞춤 제공
– 관심검색어 서비스 : 특정 단어(키워드)를 기준으로 맞춤 제공
– 내 서류함 서비스 : 입찰예정이나 관심입찰을 별도 분류하여 저장
– 일정 관리 서비스 : 내 서류함에 저장된 입찰을 기준으로 별도 관리

ⓑ 입찰 전문가를 통한 입찰교육 실시

입찰 전문가를 통한 실질적인 입찰교육 실시(입찰 노하우, 경쟁업체 분석 방법 등) 모의 투찰시스템을 통한 실습 교육

ⓒ 입찰 스케줄 관리 및 콜센터 운영으로 실시간 상담

입찰정보 서비스 사용에 대한 활용 및 사용 시 애로사항에 대비하여 전문가 콜센터를 운영

- 이용방법 : 한국여성경제인협회 맞춤형 입찰정보 서비스(bid.womanbiz.or.kr) 회원가입 후 가입승인
- 제출서류 : 여성기업확인서 사본 1부(회원가입 시 첨부)
- 상담 및 문의 : 한국여성경제인협회 본회 담당(02-369-0913)

⑥ 여성특화제품 해외진출 One-Stop 지원

해외 바이어 매칭, 무역실무교육, 해외 온라인 플랫폼 구축사업을 단계별 맞춤형 프로그램으로 지원

- **지원대상** : 수출유망 여성 기업
- **지원내용**
  - 무역실무교육 실시
  - 해외 박람회 참가 지원
  - 해외 온라인 플랫폼 입점 지원
- **신청방법** : Wbiz포털 온라인 신청 및 이메일 접수(mschoi@wbiz.or.kr)
- **온라인 제출서류**
  - 신청서(소정양식) 1부
  - 서약서 및 수출활동계획서 각 1부
  - 제품 카탈로그 1부
  - 사업자등록증 사본 1부
  - 재무제표(B/S, I/S) 사본 1부(최근 2년)
  - 수출실적증명원(최근 2년)
  - 각종 인증서 및 정부포상 증빙 사본 1부
  - 기타 참고서류
- **상담 및 문의** : (재)여성기업지원센터 담당(02-369-0915)

(3) 지방자치단체 여성 기업 지원사업

① 서울

지원사업명	내용
여성고용 우수기업 특별자금 지원	일·가정양립 컨설팅에 참여한 기업을 대상으로 시중보다 2~3% 낮은 금리로 5억 원 이내 융자 지원
여성창업플라자 운영	공예·디자인 업종에 특화된 초기 여성 창업자를 위한 보육센터로 제품개발, 기술검증, 자금 지원 알선, 창업교육, 컨설팅 등을 지원
여성창업보육센터 운영	동부(광진구)·남부(금천구)·북부(노원구) 여성발전센터 내 창업보육실과 창업부스를 저렴하게 임대

② 부산

지원시업명	내용
중소기업자금 지원 우대	중소기업자금 지원 심사 시 여성 기업에게 가산점 2점 부여
여성창업지원센터	여성인력개발센터 6개소에 직업적성 검사, 창업·경영 상담, 창업준비교실 등 운영
실직여성가장창업지원	가족을 부양하는 실직 여성가장에게 최장 6년간 7,000만 원 이내의 점포를 대여 금리 3%로 근로복지공단이 임차해 대여
여성기업제품 지원	여성기업제품 공공구매 촉진 독려 및 기업홍보관 영상전시 지원, 부산상품 홈페이지 홍보, 해외 마케팅 지원사업 등

③ 대구

지원사업명	내용
여성회관 창업보육센터 운영	유망 여성 예비 창업자 또는 창업 3년 이내 여성 기업들에게 입주 공간을 제공하고 보육준비실, 보육실 운영, 경영·기술·마케팅·컨설팅 등에 대한 집중적인 보육 지원
중소기업 경영안정자금 지원	여성 기업이 자금지원사업 지원 시 대출이자 1% 추가보전
중소기업 육성자금 융자	중소기업 육성자금 융자한도 25억 원 내로 여성 기업 6곳에 지원
여성경제인 역량 강화 및 창업 지원	우수제품 전시회, 수출지원기관 초청 상담회 등 여성 경제인 대회를 지원하고 그린IT 여성 창업 지원사업 실시
여성기업 해외 판로개척 사업	대구·경북 여성 경제인 60여 명에게 해외 마케팅 등 판로개척 사업 지원

④ 대전

지원사업명	내용
여성 창업지원 시설 운영	경력단절 여성 및 예비 창업자들을 위한 창업보육실, 창업공방, 코워킹 공간 등을 운영하고 창업디딤돌 스쿨, 공방 전문가 과정, 컨설팅 등의 전문 교육 지원
중소기업 경영안정자금 우대	중소기업 경영안정자금 지원 시 여성 기업에게 연 3.0% 이차보전 지원
여성기업 지원 우대	여성 기업이 기업지원 사업에 참여 시 시제품 제작지원(1.5점), 기술사업화 종합지원사업(1.5점) 가점 부여
여성친화기업 인증	여성고용 개선실적, 모성보호제도 도입 등 항목을 평가해 여성친화기업 15개를 선정해 협약을 체결하고 시설 개선, 기업특강 등을 지원

⑤ 광주

지원사업명	내용
여성창업보육센터	예비 여성 창업자와 창업 6개월 이내의 신규 창업 여성 중 비제조업 및 서비스업, 지식·정보·소프트웨어·문화·영상·디자인 업종을 중심으로 사무공간 제공
여성친화기업 고용환경 개선자금 지원사업	경력단절여성을 채용한 여성친화기업에 수유시설, 휴게실, 탈의실 등 여성전용 시설의 설치 및 개·보수 비용 지원
여성 창업지원	여성소자본창업컨설팅 지원, 여성기업제품 판로 지원(박람회 참가 및 제품 홍보지원 우대)

⑥ 인천

지원사업명	내용
여성창업보육센터	예비 여성 창업자와 창업 2년 이내의 신규 창업 여성에게 여성창업지원센터 내 공간 제공 및 창업인큐베이팅 프로그램 운영
경력단절여성 채용기업 환경개선 지원	경력단절여성을 채용한 여성친화기업에 수유시설, 휴게실, 탈의실 등 여성전용 시설의 설치 및 개·보수 총 사업비의 70%까지 지원
중소기업자금 우대	중소기업 경영안전자금 지원 시 여성 기업 우대

⑦ 울산

지원사업명	내용
여성기업 경영안정자금 지원	여성 기업이 중소기업 경영안정자금 지원사업에 참여 시 이자 1% 추가 지원
여성기업지원울산센터 창업보육센터	창업 후 2년 이내 여성 창업자 또는 예비 여성 창업자 중 시제품 제작형 기업이나 기술집약형 업종, IT 업종 등을 중심으로 보육실 및 공용시설, 경영 및 기술 지도 제공
중소기업 경영안정자금 우대	중소기업 경영안정자금 지원 시 이차차액 0.5% 가산 및 심사평가 4점 가점
여성가장 소상공인 특별지원	여성가장 소상공인에게 보증수수료 연 1.0% 이내로 최대 5,000만 원 보증금 지원

⑧ 세종

지원사업명	내용
경영안정자금 지원	여성 기업이 중소기업 경영안정자금 지원사업에 참여 시 이자 1% 추가 지원
여성기업 우대지원	창업·경쟁력·혁신형·기업회생 자금(3점), 중소기업자 간 경쟁제품 중 물품에 관한 계약이행능력 심사 시 신인도 가점 부여

⑨ 강원

지원사업명	내용
중소기업 경영안정자금 지원	중소기업 경영안정자금 지원사업에 참여 시 여성 기업에게 연 3.5% 이차보전 지원
여성기업제품 공공구매 촉진위원회 구성	공공구매 관계자, 여성 기업인 현장 전문가 등이 촉진위원회를 구성해 강원도 내 여성기업제품에 대한 공공구매 확대 지원방안을 논의하고 다양한 의견을 수렴
한부모가족 복지자금 대여	한부모가정으로 근로능력 및 자립자활 의지가 뚜렷하고 현실성 있는 사업계획을 제시한 여성에게 5년 거치·5년 상환, 연 3%의 장기저리 복지자금 대여
여성경제인 행사 지원	여성 경제인 경영혁신 연수 및 여성 경제인 대회, 청소년·여성 경제인 경제 캠프 등 다양한 여성 기업인 관련 행사 지원

⑩ 경기

지원사업명	내용
여성기업 판로개척 지원	도내 여성기업제품 매출 증대 및 인지도 강화를 위한 역량강화 지원 교육, 전문 컨설팅, 우수상품 판매전 운영
여성기업 우수상품 오픈마켓 상품전 운영	국내 온라인 판매시장 연계 제품홍보 및 판매지원으로 오픈마켓 내 여성 기업 우수제품 브랜드관 구축, 온라인 전자상거래 교육, 홍보마케팅 지원
여성기업 맞춤 솔로몬 지원사업	산학 우수자원 및 인프라를 활용해 기업별 맞춤 솔루션을 제공해 여성 기업의 경쟁력 강화
중소기업 자금지원 우대	중소기업육성자금 5점 가점·이차보전율 0.3%, 중소기업 신용보증 신용평가 시 1점 가점·보증료 감면 0.1% 우대

⑪ 경북

지원사업명	내용
중소기업 창업 및 운전자금 지원	중소기업 운전자금 융자지원 시 여성 기업에 융자한도 우대 5억 이내
여성기업 마케팅 지원	국내·외 박람회 참가 및 마케팅 활동 지원
여성경제인 지원	대구·경북 여성 경제인 대회 개최 지원 및 경상북도 여성 기업인 경영연수 실시

⑫ 경남

지원사업명	내용
여성기업활동촉진 사업	여성창업지원센터 설치·운영, 소자본 여성 창업교육, 차세대 여성 CEO 교육, 여성 CEO 혁신포럼, 여성 CEO MBA 등 5개 사업에 1억 원 예산 배정

⑬ 전북

지원사업명	내용
여성경영인 육성	여성 경영인 420여 명을 대상으로 리더십 스쿨 운영
여성기업 우대	중소기업육성자금 지원(5점), 우수 및 유망 중소기업 인증(2점), 해외규격인증 획득지원(5점), 선도기업 선정(1점), 도지사인증상품 선정(2점) 가점 우대

⑭ 전남

지원사업명	내용
중소기업 육성자금 우대	여성 기업을 대상으로 중소기업 경영안정자금 융자한도 2억 원 증액 및 이자지원 우대
여성기업 지원	여성 경제인 경영연수, 여성 기업 마케팅, 여성 농업인 '행복바우처' 지원
여성기업 가산점	전남형 히든챔피언 육성사업(5점), 전남형 차세대 수출기업 육성사업(5점) 가점 우대

⑮ 충북

지원사업명	내용
중소기업 육성자금 우대	여성 기업을 대상으로 중소기업 육성자금 우대금리 0.5%, 가점 5점
여성기업 지원	충북여성CEO포럼 개최 및 여성 기업 마케팅 지원, 여성 BI 입주기업에 대한 경영 컨설팅 지원

⑯ 충남

지원사업명	내용
중소기업 육성자금 우대	여성 기업에 중소기업 육성자금 0.5% 이차보전, 가점 3점 우대
여성기업 지원	충북여성CEO포럼 개최 및 여성 기업 마케팅 지원, 여성 BI 입주기업에 대한 경영 컨설팅 지원
여성기업 우대	창업 후 1년 이내 여성 기업에 신용보증 보증료 0.1% 감면, 여성가장 소상공인에게 기업당 2,000만 원, 보증료율 0.5%, 이차보전 2.5% 우대

⑰ 제주

지원사업명	내용
여성기업 자금 우대	여성 기업 창업 및 경쟁력 강화 자금 지원 시 융자자금 이차보전 3% 우대
여성기업 홍보지원	여성 기업 전시 지원 및 기업시장조사 참가 지원사업 시행
여성기업인 대상 지원	여성 기업 CEO 경영연수 및 CEO 경제포럼 지원